Ökumenische Spiritualität

Beihefte zur Ökumenischen Rundschau Nr. 128

Jutta Koslowski | Jochen Wagner (Hrsg.)

Ökumenische Spiritualität

EVANGELISCHE VERLAGSANSTALT
Leipzig

Die Drucklegung wurde gefördert durch den Ökumenischen Forschungsfonds des Deutschen Ökumenischen Studienausschusses der Arbeitsgemeinschaft Christlicher Kirchen in Deutschland (ACK). Wir danken für die Unterstützung zum Druck.

Bibliographische Information der Deutschen Nationalbibliothek
Die Deutsche Nationalbibliothek verzeichnet diese Publikation in der Deutschen Nationalbibliographie; detaillierte bibliographische Daten sind im Internet über http://dnb.dnb.de abrufbar.

Das Buch wurde auf alterungsbeständigem Papier gedruckt.

Cover: Kai-Michael Gustmann, Leipzig
Coverbild: © KNA-Bild
Satz: Präsenz Medien & Verlag, Bad Camberg
Druck und Binden: Hubert & Co., Göttingen

ISBN 978-3-374-06667-4 // eISBN (PDF) 978-3-374-06668-1
www.eva-leipzig.de

Inhaltsverzeichnis

Vorwort

Spiritualität ist ein Megatrend. Sie gewinnt auch in der Theologie seit einigen Jahren zunehmend an Bedeutung. Spirituelle Reichtümer finden sich in allen Konfessionen und Glaubenstraditionen. Insbesondere die unterschiedlichen Formen des gelebten Glaubens sind eine Fundgrube – oder besser gesagt: eine Schatzkammer. Bestimmte Traditionen sind manchen zunächst fremd. Doch oft wird man positiv überrascht, wenn man genauer hinsieht und bereit ist, sich auf Neues einzulassen. Diese Erfahrung hat das ökumenische Miteinander der letzten Jahrzehnte entscheidend mitgeprägt und gefördert. Und es geht weiter. Wir können viel voneinander lernen und dabei entdecken, welche Vielfalt die christliche Spiritualität umfasst.

Die vorliegenden Beiträge nähern sich dem Thema aus unterschiedlichen Perspektiven. Folgende Fragen umreißen dabei die inhaltliche Beschäftigung: Wodurch zeichnet sich christliche Spiritualität aus? Worin bestehen die Besonderheiten katholischer, evangelischer, freikirchlicher und orthodoxer Spiritualität? Was könnten Grundzüge einer ökumenischen Spiritualität sein sowie einer Spiritualität für unsere Zeit, eine postmoderne Spiritualität?

Mit diesen Fragen befasste sich eine Tagung der Arbeitsgemeinschaft Christlicher Kirchen in der Region Südwest und der Evangelischen Kirche im Rheinland zusammen mit dem Zentrum Verkündigung der Evangelischen Kirche in Hessen und Nassau und dem Institut für Evangelische Theologie an der Universität Koblenz-Landau. Theologinnen und Theologen aus unterschiedlichen Konfessionen kamen im hessischen Kloster Gnadenthal zusammen, um die Vielfalt der geistlichen Reichtümer in den unterschiedlichen Konfessionsfamilien kennen zu lernen und so den Blick auf die eigene Frömmigkeit und auf andere Glaubenstraditionen zu weiten. Der Tagungsband nimmt die Vorträge auf und macht sie so einer breiteren Öffentlichkeit zugänglich.

Für *Thorsten Dietz,* Professor für Systematische Theologie an der Evangelischen Hochschule Tabor in Marburg, ist christliche Spiritualität der Versuch, die durch zunehmende Säkularisierung verlorengegangene ›Einbettung‹ des Menschen in die Gemeinschaft, in die Welt und in den eigenen Körper durch das Erschließen sinnlicher Erfahrungen wiederzufinden. Eine solche Spiritualität entfalte sich in drei Spannungsfeldern: Erstens zwischen der unmittelbaren und unverfügbaren Begegnung von Gott und Mensch und der Notwendigkeit, solcher Begegnung durch Übungen wie Gebet und Gottesdienst einen Raum zu bereiten. Zweitens zwischen der Transzendenz des immer größeren Gottes und seiner Greifbarkeit in konkreten, sinnlich wahrnehmbaren Medien. Und drittens zwischen dem freien Geschenk der Gnade Gottes und einem nicht linear verlaufenden Wachstum im Glauben. Mit Blick auf das ökumenische Miteinander der Konfessionen warb Dietz dafür, andere Spiritualitäten angstfrei wahrzunehmen und zuzulassen und Orte zu schaffen, in denen Menschen vielfältige geistliche Erfahrungen machen können.

Der bekannte orthodoxe Theologe *Constantin Miron,* Beauftragter für innerchristliche Zusammenarbeit der Orthodoxen Bischofskonferenz in Deutschland und Vorsitzender der Arbeitsgemeinschaft Christlicher Kirchen (ACK), macht in seinem Beitrag deutlich, dass orthodoxe Spiritualität vor allem eine pneumatische Dimension hat und somit einen Gegen-Akzent zur Geist-Vergessenheit in der Tradition der Westkirche darstellt. Dies zeigt Miron anhand der 25 Schluss-Antiphonen der Stufengesänge auf, die an jedem Sonntag in der Matutin der orthodoxen Kirche gebetet werden und die jeweils auf den Heiligen Geist bezogen sind. Zugleich ist dies ein anschauliches Beispiel dafür, wie sehr die orthodoxe Theologie von der Liturgie her zu verstehen ist.

Für eine Weitung des Begriffs ›katholisch‹ wirbt *Klaus Vechtel,* Professor für Dogmatik an der Philosophisch-Theologischen Hochschule Sankt Georgen in Frankfurt am Main. Katholische Spiritualität zeichne sich nicht dadurch aus, dass sie sich an katholischen ›Identitätsmarkern‹ wie dem Papstamt oder einer marianischen Prägung orientiere. Es gehe vielmehr darum, dass sich die qualitativ-umfassende Liebe Gottes eine quantitativ-konkrete Gestalt sucht. Weil in der Neuzeit die Transparenz der Welt auf Gott hin verlorengegangen sei, suche christliche Spiritualität nach dem, was ›hinter der Leere‹ liegt, und versuche im Gegensatz zu postmodernen säkularen Spiritualitäten das ›Nicht-ohne‹ des Göttlichen geltend zu machen. Zugleich realisiere sie sich in einem guten weltlichen Leben, das immer schon ein frommes Leben ist, weil auch Gott die Welt liebt, und in der Erfahrung des Verdankt-Seins, die sich wiederum am dichtesten in der Eucharistie machen lässt.

In der evangelischen Kirche hat der Begriff Spiritualität erst seit den 1970er Jahren Fuß gefasst. Darauf weist *Peter Zimmerling* hin, Professor für Praktische Theologie an der Theologischen Fakultät der Universität Leipzig. Evangelische Spiritualität sei seit der Reformation von zwei gegenläufigen Bewegungen geprägt: zum einen von einer Konzentration auf das Wesentliche bzw. einer Ausscheidung des Unnötigen (wozu nach damaligem Verständnis etwa Prozessionen zählten), zum anderen von einer Grenzüberschreitung bei der Suche nach Orten gelebten Glaubens:

vom Kloster in die Welt, d.h. in Familie, Beruf und Gesellschaft. Ebenso wesentlich für protestantische Spiritualität, so Zimmerling, sei ihre Pluralität, die eine Chance ist, dass viele Menschen den Glauben angemessen leben können. Zu ihr gehöre deshalb Mystik genauso wie politisches Engagement, Liturgie und Gesangbuch genauso wie diakonisches Handeln, traditionelle monastische Lebensformen genauso wie zeitgenössische Phänomene (etwa charismatische Ausdrucksformen des Glaubens).

Am Beispiel Freier evangelischer Gemeinden zeigt *Jochen Wagner,* wissenschaftlicher Mitarbeiter am Institut für Evangelische Theologie der Universität Koblenz-Landau und Gemeindepastor in einer FeG, die Kennzeichen freikirchlicher Spiritualität auf. Geprägt von Pietismus und Erweckungsbewegung sei Apg 2,42 als Leitbild einer frei-evangelischen Spiritualität anzusehen. Wagner wirft in diesem Zusammenhang einen durchaus selbstkritischen Blick auf manche Tendenzen innerhalb seiner Konfessionsfamilie und spricht sich für eine Diskussion über die Bedeutung der Inspiration der Heiligen Schrift und eine weitere theologische Reflexion über das Gebet aus. Freikirchliche Spiritualität sei aber auch von der persönlichen Aneignung des Glaubens und der Achtung des Gewissens des Einzelnen geprägt, ebenso wie vom Gedanken der Nachfolge, einem missionarischen Lebensstil und protestantischer Bußfrömmigkeit. Für die Zukunft, so Wagner, komme es darauf an, die alten Gräben zwischen den Frommen und den gesellschaftlich Engagierten zu überwinden und eine Spiritualität zu pflegen, die Freiheit ermöglicht und vielfältig ist.

Nachdem das Thema Spiritualität aus der Perspektive der vier Hauptströmungen christlicher Tradition beleuchtet worden ist, wird es anschließend in mehreren Richtungen exemplarisch vertieft. *Franziskus Joest,* langjähriges Mitglied der Jesus-Bruderschaft in Gnadenthal und Spiritual im dortigen ›Haus der Stille‹, entfaltet in seinem Beitrag Grundzüge monastischer Spiritualität. Er konzentriert sich dabei auf wesentliche Elemente der *Regula Benedicti,* da sie nicht nur für das benediktinische Mönchtum, sondern für die gesamte Spiritualität des Abendlands prägend geworden ist. Wichtige Aspekte sind dabei u.a. das Hören auf Gott, das Wachstum, die Beharrlichkeit und die Anwesenheit Christi in seinen geringsten Brüdern und Schwestern.

Weil Spiritualität für *alle* Gläubigen ein Desiderat ist, aber die wenigsten von ihnen in einem Kloster leben, wurden in letzter Zeit neue Formate entwickelt, z.B. ökumenische ›Exerzitien im Alltag‹. Darauf geht *Peter Hundertmark* in seinem Beitrag ein. Als Pastoralreferent im Bistum Speyer kann er auf eine langjährige Erfahrung als Exerzitienbegleiter zurückgreifen und setzt dabei einen Schwerpunkt auf ignatianische Spiritualität. Denn die ›Geistlichen Übungen‹ des Ignatius von Loyola bieten eine ganz praktische Anleitung dafür, wie sich die persönliche Gottsuche jedes und jeder einzelnen gestalten kann. Insofern sind sie heute, wo die Frontstellungen aus der Zeit der Gegenreformation überwunden sind, durchaus auch für evangelische Theologie (mit ihrer Betonung des Individuums und des Gewissens) anschlussfähig und insofern ein wegweisendes Beispiel ökumenischer Spiritualität.

Einen Seitenblick auf postmoderne Spiritualität bzw. Spiritualitäten wirft *Holger Pyka,* neben seiner Tätigkeit als evangelischer Gemeindepfarrer Dozent für Homiletik/Liturgik und Gemeindepädagogik am Predigerseminar in Wuppertal. Auch auf Zukunft hin solle christliche Spiritualität ihre klassischen Kennzeichen aufweisen und bibelorientiert, liturgisch-meditativ und politisch engagiert sein. Daneben biete jedoch vor allem die digitale Welt einen wichtigen Raum, in dem die Kirchen ihre Botschaft verbreiten und Menschen Glaubenserfahrungen machen können. Verbreiteten Ängsten, etwa der, dass in der digitalen Welt keine sinnlichen und gemeinschaftlichen Erfahrungen gemacht werden können, begegnet Pyka mit dem Hinweis: Auch beim Bedienen des Handys ist der Körper beteiligt, nur auf andere Weise – mit den Fingern und den Augen. Und auch in Chatgruppen können sich Menschen zu Gemeinschaften zusammenschließen.

Im abschließenden Beitrag arbeitet *Jutta Koslowski,* evangelische Pfarrerin und wissenschaftliche Mitarbeiterin an der Universität Mainz, Grundzüge einer ökumenischen Spiritualität heraus. Sie zeichne sich dadurch aus, dass sie zugleich »in die Tiefe, zum Wesentlichen des Glaubens, in die Weite, zu den Schätzen der anderen, und in die Höhe, zu Gott selbst, führt.« Sie verbinde die unterschiedlichen Traditionen nicht nur patchworkmäßig, sondern schaffe unter ihnen eine organische Verbindung. Denn, so Koslowski, jede Kirche hält Heilmittel für die Einseitigkeiten der anderen Konfessionen in der Hand. Zugleich komme es darauf an, ökumenische Spiritualität durch das Gebet um die Einheit und für die ökumenischen Partner, durch Kontakte und persönliche Beziehungen konkret umzusetzen. So könne ökumenische Spiritualität ein effektiver Beitrag für die ökumenische Bewegung sein.

In den lebendigen Diskussionen im Anschluss an die Vorträge wurde unter anderem auf die Zunahme säkularer Liturgien hingewiesen, sowie auf die Notwendigkeit, spirituelle Erfahrungen in anderen Religionen stärker in den Blick zu nehmen. Auch die Gefahr geistlichen Missbrauchs in der Leitung und Begleitung sowie in Orden und anderen Gemeinschaften kam zur Sprache. Workshops und kreative Angebote, ein Bibelgespräch und die Teilnahme an den Gebetszeiten der ökumenischen Kommunität Jesus-Bruderschaft rundeten die Veranstaltung ab.

Die Tagung und der Tagungsband legen die Grundlagen für eine weitere Beschäftigung mit dem Thema ›ökumenische Spiritualität‹. So ließe sich zur freikirchlichen Spiritualität sicherlich eine eigene Tagung durchführen; zur evangelischen Spiritualität sind jüngst drei Bände erschienen (Peter Zimmerling (Hg.): Handbuch Evangelische Spiritualität, Bd. 1–3, Göttingen, 2017–2020). Ferner könnten und müssten im Anschluss an diese grundsätzlichen Überlegungen einzelne Elemente in den Blick genommen werden, wie etwa die Spiritualität der Ikonen, die Marienverehrung, die ›Generation Lobpreis‹ u.a. Aufgrund der globalen Herausforderung des Klimawandels stellt sich insbesondere die Aufgabe der Suche nach einer *ökologischen Spiritualität.*

Uns als Herausgebern bleibt noch die schöne Aufgabe, diejenigen zu nennen, welche die Tagung und diese Publikation ermöglicht haben. Wir danken insbesondere der ACK Region Südwest und der Evangelischen Kirche im Rheinland (EKiR). Namentlich sei Herr Landeskirchenrat Thomas Markus Schäfer erwähnt, der das Bindeglied zur EKiR war und einen wichtigen Anteil an der Durchführung der Tagung hatte. Die Mitarbeiterinnen und Mitarbeiter des Klosters Gnadenthal schufen eine wunderbare Atmosphäre an diesem besonderen Ort, der die Tagung mitgeprägt hat. Ihnen sei herzlich gedankt. Stellvertretend nennen wir an dieser Stelle Schwester Birgit-Salome. Darüber hinaus danken wir Herrn Dr. Thomas Stubenrauch dafür, dass wir Teile seines Berichts über die Tagung verwenden durften. Schließlich geht unser Dank an Herrn Matthias Wagner, stellvertretender Schulleiter der Integrierten Gesamtschule Nastätten, für einen großzügigen Zuschuss.

Nun laden wir Sie ein auf eine Entdeckungsreise. Sie kann und wird Ihren Blick auf die eigene Frömmigkeit und auf die anderen Glaubenstraditionen verändern.

Gnadenthal und Kirchberg, im April 2020
Jutta Koslowski und Jochen Wagner

I. Einführung

Was ist christliche Spiritualität?

Thorsten Dietz

Beginnen möchte ich diesen Aufsatz mit einem kleinen Vorbegriff von Spiritualität (Abschnitt I). Sodann werde ich eine Erörterung anstellen, warum wir gegenwärtig so intensiv nach dem Wesen und der Bedeutung von Spiritualität fragen (Abschnitt II). Den Vorbegriff von Spiritualität möchte ich vertiefen durch die Entfaltung einiger ihrer Merkmale, die in der Geschichte immer wieder diskutiert worden sind. Dabei orientiere ich mich an einem protestantischen Klassiker (Gerhard Tersteegen), der schon früh eine bemerkenswerte ökumenische Sensibilität in spirituellen Fragen bewies (Abschnitt III). Schließen will ich mit einigen Gedanken zur ökumenischen Herausforderung dieser Thematik (Abschnitt IV).

I. Spiritualität – ein Vorbegriff

Spiritualität ist ein vielfach und vor allem vielfältig gebrauchter Begriff. Ich möchte an dieser Stelle mit einem bewusst schlanken Verständnis von Spiritualität beginnen. Unter Spiritualität verstehe ich die Gestaltung des Glaubens im persönlichen Lebensvollzug.[1] Gestaltung verstehe ich dabei bewusst doppelsinnig: Gestaltwerdung im Sinn eines geistbestimmten Lebens[2] und Gestalten als menschliche Praxis. Gottes Wirken und menschliches Empfangen bzw. Mitwirken gehören zusammen. Gestalt gewinnt Spiritualität sodann in einem ganzheitlichen Lebensvollzug, in gemeinsam geteilten Riten und Medien, aber auch in persönlichen Erfahrungen. So verstehe ich Spiritualität als eine Grunddimension des Glaubens – genauso wie das Ethos, die Reflexion des Glaubens oder das Zeugnis in Wort und Tat.

1 Vgl. Michael Utsch/Konstantin Klein, Religion, Religiosität, Spiritualität. Bestimmungsversuche für komplexe Begriffe, in: Konstantin Klein/Hendrik Berth/Friedrich Balck (Hrsg.), Gesundheit – Religion – Spiritualität. Konzepte, Befunde und Erklärungsansätze, Weinheim 2011, 25–46; Peter Zimmerling, Evangelische Spiritualität, Wurzeln und Zugänge, Göttingen 2003, 15ff.; Ulrich Köpf, Art. Spiritualität I. Zum Begriff; II. Kirchengeschichtlich, in: RGG[4] 7, 2004, 1589–1593.

2 Vgl. diese Formulierung bei Simon Peng-Keller, Einführung in die Theologie der Spiritualität, Darmstadt 2010, 7.

II. Die Exkarnation des Glaubens – und die Bedeutung der Spiritualität heute

Warum aber findet das Thema seit einiger Zeit so starke Beachtung? Charles Taylors Werk ›Ein säkulares Zeitalter‹ (2009) hat sich im letzten Jahrzehnt als ein moderner Klassiker der Religionsforschung etabliert. Ich möchte einen Strang aus seinen Überlegungen aufgreifen: Taylors Deutung der religionsgeschichtlichen Langzeittendenz zur ›Exkarnation‹ bzw. zur ›Entbettung‹ der Religion.

In seinem Ansatz geht Taylor von folgender Beobachtung aus: Um 1500 war es in Europa praktisch unmöglich, nicht an Gott zu glauben. 500 Jahre später scheint es in der westlichen Öffentlichkeit bisweilen umgekehrt zu sein. Wer gläubig ist, hat eher das Gefühl, sich dafür rechtfertigen zu müssen, als diejenigen, die nicht glauben. Wie konnte es dazu kommen? Das ist die Leitfrage von Taylors voluminöser Studie.

Nach Taylor müssen wir die geschichtliche Entwicklung der Religion wahrnehmen, um diesen Wandel angemessen einordnen zu können. Dabei holt er sehr weit aus. Alle frühere Religion lebte von einer starken Einbettung: des menschlichen Bewusstseins in sinnlich-leibhafte Vollzüge, des Einzelnen in die Gemeinschaft und der Gemeinschaft in die umgebende Natur. Schon mit der Achsenzeit (ca. 800–200 vor Christus) sieht Taylor eine Tendenz zu einer zunehmenden ›Entbettung‹.[3] Die bis dahin starke Verwobenheit von Körper und Geist, von Mensch und Natur bzw. von Individuum und Gemeinschaft wird gelockert, dadurch dass die Religion sich grundsätzlich auf einen transzendenten Gott bezieht, ihr Glaubens- und Moralbewusstsein universal ausweitet auf die Menschheit bzw. die ganze Welt – und damit auch abstrakter wird als die traditionellen Religionsformen von Stammesgesellschaften. Gleichwohl betont Taylor, dass es z.B. dem Judentum oder dem Christentum noch lange gelungen sei, in einer Synthese aus der dichten Partizipation der frühen Religion und dem Universalitätsansprüchen der Achsenzeit zu leben.

Das ändert sich in der frühen Neuzeit, deren Vorboten bereits im Hochmittelalter spürbar werden. Mehrere Reformschübe der Kirchengeschichte versuchen, das religiöse Niveau der Gesamtbevölkerung zu steigern. Diese Reformbewegungen richten sich häufig auch gegen Bestandteile des Volksglaubens. Mehr und mehr verliert sich das, was Taylor in der frühen Religion das »poröse Ich«[4] nennt, das offen ist für Erscheinungen und Manifestationen des Göttlichen in der Natur, im Traum oder im Gefühl. In mehreren Schüben kommt es in Europa zu einer

3 Vgl. Charles Taylor, Ein säkulares Zeitalter, Frankfurt (Main) 2012, 251–274.

4 Taylor, Zeitalter, 73.

immer umfassenderen Entbettung des Glaubens. Man ist nicht mehr gläubig im Sinn einer selbstverständlichen Partizipation an einer traditionellen Gemeinschaft mit ihrer rituellen Frömmigkeit. Es kommt zu einer zunehmenden ›Exkarnation‹ des Glaubens, zur »Ablösung des religiösen Lebens von physischen Formen des Rituals, der Verehrung und der Praxis, der dahin führt, dass die Religion schließlich immer mehr im ›Kopf‹ wohnt.«[5]

Auf Dauer gerät jede Religion durch solche Entbettungen in eine prekäre Lage. Diese Situation dürfte heute weit verbreitet sein. Es gibt vielfach noch ein christliches Selbstverständnis, das aber religiös zunehmend wie von Kopffüßlern gelebt wird: losgelöst von leibhaftiger Gemeinschaft des Glaubens, unverbunden mit leiblich-sinnlichen Erfahrungen.

Die Frage nach Spiritualität deute ich wesentlich als eine Suchbewegung nach erneuter Einbettung, als Versuch, den Exkarnationen des Glaubens etwas entgegen zu stellen. Denn Glaube bedarf der Einbettungen: in Gemeinschaft, in Vollzüge des Körpers, in die Sinnlichkeit.

Glaube wird heute nicht mehr stabilisiert durch sozialen Druck. Das gelingt noch hier und da unter den Bedingungen religiöser Mehrheitsgesellschaft – d.h. für Europa: so gut wie nirgendwo. Er lässt sich auch nicht mehr anbahnen durch Nachweis seiner rationalen Notwendigkeit. Formen intellektueller oder apologetischer Glaubenskommunikation werden in der Regel nur von Hochverbundenen gewürdigt, die damit ihre eigenen Überzeugungen befestigen wollen.

Glaube ›leuchtet ein‹, wo er in dieser oder jener Form ausprobiert werden kann, als eine Sache der leiblich-sinnlichen Erfahrung, verbunden mit Gemeinschaftsangeboten, die stützen, nicht bevormunden. Das erfolgreichste religiöse Buch im 21. Jahrhundert war ohne Zweifel Hape Kerkelings ›Ich bin dann mal weg‹,[6] ein Buch das zwei Jahre lang auf Platz 1 der deutschen Bestsellerliste stand. In den letzten 70 Jahren hat sich kein einziges Sachbuch so erfolgreich verkauft wie dieses. Kerkelings Werk zeigt, wie Religion heute noch anzusprechen vermag: in der Gestalt erfahrungsoffener Spiritualität, die sich zugleich produktiv mit dem reichen Erbe der christlichen Frömmigkeitsgeschichte auseinanderzusetzen weiß. Ich glaube, dass diese historische Einordnung hilfreich, wenn nicht wesentlich ist für eine heutige Verständigung über Spiritualität.

Nun ist das spirituelle Angebot der Gegenwart unabsehbar groß. Lässt sich der oben entwickelte Vorbegriff von Spiritualität als Gestaltwerdung

5 Ebd., 1021. Der Begriff der Exkarnation wird eingeführt ebd., 491.

6 Hape Kerkeling, Ich bin dann mal weg. Meine Reise auf dem Jakobsweg, München 2006.

des Glaubens noch ein wenig vertiefen, um in der Fülle der Praxisformen orientierende Kraft entfalten zu können? Damit wollen wir uns im Folgenden beschäftigen.

III. Merkmale der Spiritualität

In diesem Abschnitt möchte ich den Begriff der Spiritualität weiter präzisieren durch Aufweis einiger Spannungsfelder, die für ihn typisch sind: das Verhältnis von Spiritualität und Mystik (1.), Begegnung und Übung (2.), Transzendenz und Medien (3.) sowie Gnade und Entwicklung (4.).

Zur Spiritualität gibt es keinen Zugang von einem absoluten Standpunkt her. Wir sind immer schon so oder so eingebettet in unsere eigenen Lern- und Erfahrungswege. Ich nehme Maß bei einem Klassiker der Spiritualität, der seinerseits über bemerkenswerte ökumenische Kompetenz verfügte, und der sich in diesem Jahr als Jubilar in besonderer Weise anbietet: Gerhard Tersteegen (1697–1769), ein reformierter Christ, der ein Großteil seiner Lebenszeit dafür aufgewandt hat, Werke der nachreformatorischen katholischen Frömmigkeit für evangelische Christen aufzuarbeiten.[7]

1. Spiritualität und Mystik

Das Wort Spiritualität wird heute in einem weiteren und in einem engeren Sinn verwandt.[8] Ganz allgemein kann Spiritualität heute von Religion unterschieden werden im Sinn eines undogmatischen Transzendenzbezugs. Oder aber man versteht Spiritualität als Prägung durch den *Spiritus Sanctus* des christlichen Glaubens, als Pflege klassisch-christlicher Frömmigkeit. Diese Doppeldeutigkeit ist hilfreich und verwirrend zugleich. Sie erlaubt den Anschluss an die Tradition und macht es zugleich möglich, neue religiöse Suchbewegungen der Gegenwart aufzugreifen. In diesem Aufsatz werde ich gleichwohl bei einem klassisch-christlichen Konzept im Sinn des geistbestimmten Lebens bleiben.

Für Gerhard Tersteegen spielt der Begriff der Mystik eine wesentliche Rolle. Er arbeitet von Anfang an mit einem engeren und weiteren Begriff

7 Vgl. die neu herausgegebene Sammlung wichtiger Aufsätze: Gerhard Tersteegen, Abhandlungen zu Frömmigkeit und Theologie, Hg. von Johannes Burkhardt, EPT 12, Leipzig 2018.

8 Vgl. Anton Bucher, Psychologie der Spiritualität. Handbuch, Basel 2007, 21ff.; Michael Utsch, Begriffsbestimmungen: Religiosität oder Spiritualität?, in: ders. u.a., Psychotherapie und Spiritualität. Mit existenziellen Konflikten und Transzendenzfragen professionell umgehen, Heidelberg 2014, 25–35.

von Mystik, in einer Weise, die ich bis heute orientierend finde. In einem kleinen Text zur Mystik formuliert er es so:

> »Das Wort *Mystisch* wird bisweilen im *weitläuffigern* / bisweilen im engern Verstand genommen. Im erstern Verstand ist es nichts anders, als die practische Theologie, oder die Ausübung der Gottseligkeit, in so fern sie Gnade und Hertzens-Veränderung zum Grunde hat: demnach nicht eine bloß natürliche Moral. Im engern und eigentlichen Verstand bedeutet es denjenigen Grad der Erfahrungs-Erkäntnis GOttes, welchen Paulus und alle Mystici nach ihm, genannt haben die *Erleuchtung, welche der Apostel den Gläubigen* noch erbittet (weit unterschieden von der anfänglichen Erleuchtung).«[9]

Diese Unterscheidung von Mystik im engeren und weiteren Sinn erweist sich angesichts jahrhundertelanger Debatten als hilfreich. Mystik in ihren vielfältigen Formen ist eine vielfältig ausprägbare Intensivform des gelebten Glaubens. Die Erfahrungen mit diesen Intensivformen sind lehrreich wie anregend für jede Glaubensvertiefung. Zugleich wird deutlich, dass sie nicht das alleinige Maß für jede Form christlicher Praxis sein können. Es gibt eine Alltagsfrömmigkeit des Glaubens, welche den kirchlichen Lebenshorizont dafür bildet, dass die Sehnsucht nach vertiefter Gotteserfahrung im Sinn der Mystik überhaupt aufbrechen kann. Der Umstand, dass mystische Strömungen selten oder nie separatistisch geworden sind, zeigt, dass es an der grundsätzlichen Einsicht in diese wechselseitige Verwiesenheit auch nie gefehlt hat.

Für Mystik im weiteren Sinn verwendet Tersteegen selbst bisweilen den Ausdruck der »Gottseligkeit«. Dafür bietet sich heute der Begriff Spiritualität an. Er ist ausdrücklich offen für das, was als mystische Frömmigkeit im Laufe der Jahrhunderte erlebt und reflektiert wurde. Deshalb ist er nicht begrenzt auf besondere Vertreter und Erfahrungsweisen, denen immer etwas Elitäres anhaftet. Insofern lässt sich Mystik verstehen als eine »Intensivform von Spiritualität«.[10] Spiritualität ist auch ein geeignetes Wort für die Idee einer demokratisierten Mystik, für die sich z.B. Dorothee Sölle in ihrem Spätwerk ›Mystik und Widerstand‹ einsetzte.[11]

Die Spannung zwischen Alltagsfrömmigkeit und Intensivformen der Gotteserfahrung, zwischen moderaten und hochreligiösen Zugängen etc. ist für jede Spiritualität wesentlich. Die Kunst besteht darin, nicht

9 Gerhard Tersteegen, Kurzer Bericht von der Mystik, in: Ders., Abhandlungen, 260–269, hier 264.

10 Zimmerling, Evangelische Spiritualität, 22. Vgl. grundsätzlich auch aus evangelischer Sicht: Peter Zimmerling, Evangelische Mystik, Göttingen 2015.

11 Dorothee Sölle, Mystik und Widerstand. Du stilles Geschrei, Hamburg 1998, 13f.

das eine zum Maß des anderen zu erheben, sondern gelebten Glauben in diesem Spannungsfeld wahrzunehmen und zu würden.

2. Begegnung und Übung

Eine weitere klassische Spannung besteht zwischen dem unverfügbaren Erleben persönlicher Gottesbegegnung und der Praxis regelmäßiger Übungen. Schon im Vorbegriff habe ich mit der Unterscheidung von Gestaltetwerden und Gestalten darauf angespielt.

Übungen und Rituale gehören immer schon zur gelebten Religion.[12] Solche Formen regelmäßiger Aneignung und Ausübung stehen in der Moderne unter einem gewissen Verdacht, in Konflikt mit dem Wert menschlicher Echtheit zu stehen. Ist es in einem Zeitalter der Authentizität[13] noch angemessen, Glaube in einem solchen äußerlichen Sinn als Ritual oder Übung zu verstehen? Müsse man heute nicht Abstand nehmen von allem, was als äußerliche Notwendigkeit erscheint? Ist Religion nicht etwas Lebendiges, Persönliches, das sich als Begegnung vollziehen muss?

Für Tersteegen ist der Aspekt der unverfügbaren Begegnung mit Gott zentral. In vielen Liedtexten hat er dieser Beziehungsdimension Ausdruck verliehen – in Liedern wie ›Ich bete an die Macht der Liebe‹ u.a.m. Zugleich betont Tersteegen immer wieder, dass dieser Begegnungscharakter des Glaubens in keiner Weise auszuspielen sei gegen die Bedeutung von Übungen (eben von der Gestaltung im Lebensvollzug).

> »Es bleibt eine ewige und wichtige Wahrheit, dass, gleichwie der Herr unser Gott ein ewiges, unsichtbares, geistliches Wesen ist, ist er auch demzufolge eigentlich nicht von Menschenhänden (Apg 17,25), noch Lippen oder durch äußere Verrichtungen, sondern allein im Geist und in der Wahrheit, kann und will angebetet und gedient werden. Diesem unerachtet werden doch keineswegs einige gute Verrichtungen und gottselige Pflichten des sogenannten äußeren Gottesdienstes, als das Lesen, mündliche Beten, Singen oder leibliche Übungen verworfen oder aufgehoben. Denn einmal sind unsere Leiber nicht weniger als unsere Geister Gottes (1. Kor 6,20).«[14]

12 Vgl. grundsätzlich zu diesem Thema: Silke Harms, Glauben üben. Grundlinien einer evangelischen Theologie der geistlichen Übung und ihre praktische Entfaltung am Beispiel der ›Exerzitien im Alltag‹, Göttingen 2011.

13 So lautet eine klassische Formulierung für einen gesellschaftlichen Megatrend seit den 1960er Jahren bei Charles Taylor, vgl. Taylor, Zeitalter, 788–842.

14 Gerhard Tersteegen, Vom christlichen Gebrauch der Lieder und des Singens, in: ders., Weg der Wahrheit, Stuttgart 1968, 259–270, hier 259.

Diese Spannung von Begegnung und Übung, Beziehungsgeschehen und Praxis ist für jede Spiritualität wesentlich. Denn offensichtlich erweist sich beides als irreduzibel. Natürlich: Veräußerlichung religiöser Praktiken hat es in der Geschichte aus Gründen sozialer Anpassung immer wieder gegeben. Sie widerspricht der Sinnrichtung spiritueller Vollzüge; doch dies ist wahrlich nicht mehr das Hauptproblem des Glaubens im Westen. Umgekehrt mag es ein Ideal bloßer Gottunmittelbarkeit jenseits aller Wege geben. Allein: Solche Welt- und Zeitlosigkeit ist doch eher Postulat als eine wirkliche Lebensmöglichkeit. Mit Karl Rahner kann man zusammenfassen:

> »Auch die Frömmigkeit von morgen ist dem Geist wahrer christlicher Frömmigkeit nur getreu und gehorsam, wenn sie den Mut zum Geplanten, Geübten, Geformten, zur ›Übung‹, sagen wir kurz: zum Institutionellen hat und sich nicht in eine gestaltlose Gesinnung auflöst. Es gibt keinen Geist ohne Leib, es gibt kein ernsthaftes religiöses Leben, ohne daß der Mensch sich selbst eine Norm und Regel, Übung und Pflicht setzt.«[15]

3. Transzendenz und Medien

Spiritualität entfaltet sich in der Zeit. Zugleich nimmt sie auch Raum ein bzw. Räume. So manifestiert sie sich im Umgang mit bestimmten Konkretionen, im weiteren Sinn mit *Medien* – mit Kristallisationspunkten der eigenen spirituellen Suchbewegung.

Zu jedem reflektierten Begriff von Spiritualität gehört auch die Einsicht: Gott geht in diesen Medienerfahrungen niemals auf. Er ist immer der je größere Gott. Zur mystischen Überlieferung gehört der Aspekt negativer Theologie bzw. apophatischer Theologie – der Gedanke, dass jede positive religiöse Aussage zuletzt nur als Annäherung an ein göttliches Geheimnis verstanden werden kann.[16] Damit ist keine irrationale Verweigerung gegenüber vernünftiger Rechenschaft entschuldigt, sondern die Einsicht formuliert, dass unbeschadet jeder Gefühlsdeutlichkeit der begrifflichen Präzision symbolischer Theologie zugleich das Bewusstsein einer nicht einholbaren Transzendenz wachzuhalten ist, die unauslotbar und unverfügbar bleibt.

Diese Unverfügbarkeit Gottes schließt nicht aus, sondern unbedingt ein, dass Gott sich nie greifbar, wohl aber erfahrbar macht – und das in einer Vielzahl von Medien. Man könnte an dieser Stelle auch die

15 Karl Rahner, Frömmigkeit heute und morgen, in: GuL 39 (1966), 326–342, hier 330.

16 Vgl. zu diesem Thema grundsätzlich: Ralf Stolina, Niemand hat Gott je gesehen, Berlin/New York 2000.

Dimension des Sakramentalen erwähnen; aber uns allen ist bewusst, an welche Unterschiede zwischen den Kirchen wir hier rühren, so dass das unverdächtigere Wort ›Medien‹ hier den Vorzug verdient.

Die Bedeutung dieser Dimension ist bei Tersteegen unübersehbar. Als Grundlage aller Gottseligkeit (oder in unserer Sprache: Spiritualität) gilt ihm – sehr protestantisch – die Bibel. Ihre persönliche Lektüre, ihr Gebrauch in der Predigt oder im seelsorgerlichen Zuspruch hat fundamentale Bedeutung.

> »Die Schrifft ist uns gegeben, daß wir daraus lernen sollten, GOtt und unsern Nächsten lieben / diß ist das Gesetz und die Propheten. Wan wir aber im Gegentheil nur Zanck-Gründe drinnen suchen / unsere besonderen Meynungen eigensinniger Weise zu behaupten / unsern armen Nächsten zu bestreiten / zu schmähen und zu verketzern / so mißbrauchen wir die Schrifft / welche ein Artzney-Winckel / nicht eine Waffen-Kammer ist.«[17]

Sodann ist ihm die Bibel längst nicht das einzige Medium der Gottesbegegnung. Von der Betrachtung der Natur über das Nachzeichnen frommer Lebensbilder bin hin zu Übungen des Pilgerns und Fastens gäbe es ein breites Panorama, das sich hier entfalten ließe. Kurz verweisen möchte ich auf ein Medium, dem Tersteegen eine eingehende Reflexion gewidmet hat: dem Singen christlicher Lieder. Musik ist eine besondere Seelensprache, zumal im Protestantismus. Zu manchen Medien hat Tersteegen einen innigen Zugang gewonnen; manche typisch evangelisch, manche eher nicht. Zu anderen fehlt ihm der Zugang; etwa zu Bildern. Diese Welt hat sich ihm nicht erschlossen, was bei einem reformierten Christen wenig verwunderlich ist. Und doch hat er die Medien des Glaubens so thematisiert, dass sich seine Überlegungen leicht erweitern lassen auf andere Bereiche.

Heutige Spiritualität bedarf vertiefter Medienkompetenz. Die Favorisierung bestimmter Medien ist Teil eines geschichtlichen Profilierungsprozesses. Die Inkarnation Gottes ist der Erkenntnisgrund dafür, dass kein Medium aus sich heraus eine so umfassende Erschlossenheit Gottes gewährt, wie es in Jesus Christus der Fall ist – und zugleich dafür, dass jedes Medium in der Lage ist, Vergegenwärtigungsraum einer durch Christus vermittelten Gottesbeziehung zu sein (sei es die Natur, der eigene Atem oder Bilder und Musik). So kann es gelingen, bewusst eigene Frömmigkeitswege zu pflegen und gleichzeitig andere mit Respekt, wenn nicht Neugierde und Offenheit wahrzunehmen.

17 Gerhard Tersteegen, Anweisung zum rechten Verstand und nützlichen Gebrauch von der Heiligen Schrifft, in: ders., Abhandlungen, 63–111, hier 103.

4. Gnade und Wachstum

Die Sprache christlicher Spiritualität ist schließlich voller Weg- und Wachstumsmetaphern. Von Anfang an ist mit Spiritualität die Einsicht verbunden, dass Glaube *Entwicklungen* durchläuft. Die Erfahrungen solcher Stufen und Übergänge sind nicht einfach vorhanden und in sich und durch sich selbst eindeutig. Erfahrungen und ihre Kommunikation stehen in einem Wechselverhältnis.

Schon früh wurden die vielfältigen biblischen Aussagen zu Wachstum und Fortschritt im Glauben aufgenommen und systematisiert, so besonders folgenreich in der Lehre vom *triplex via*, wie man sie von Origenes her nachzeichnen kann.[18] In der späteren Frömmigkeitsgeschichte wurden solche Deutungsmuster weiter und weiter ausdifferenziert. Die ›sieben Wohnungen‹ der ›Inneren Burg‹ von Teresa von Avila stellen einen Höhepunkt dieser Entwicklung dar.[19] Teresa ist eine Zeugin dafür, dass die Beschreibung von sieben Räumen natürlich eine Verknappung der unerschöpflichen Erfahrungsvielfalt darstellt. Sie selbst weist darauf hin, dass es im Grunde unzählige Wohnungen zu beschreiben gäbe und jede Konkretion immer eine Verkürzung ist.[20]

Tersteegen hat diesem Thema viel Aufmerksamkeit gezollt. In seinem vielschichtigen Erbe bedient er sich unterschiedlicher Darstellungsmuster. Er kann ganz verschiedene Strukturierungen vornehmen, wie der Weg des Glaubens verläuft.[21] Am Beispiel des Gebets kann Tersteegen unterscheiden, von welcher Dynamik die Gottesbeziehung bestimmt ist. Er unterscheidet die suchende, empfindliche, übende, einfältige, beschauende, überlassende und die wesentliche Weise des Betens.[22]

18 Siehe Peng-Keller, Spiritualität, 124ff.

19 Teresa von Avila, Wohnungen der inneren Burg, Freiburg (Breisgau) 2007.

20 »So gibt es auch hier, um diesen Raum herum viele weitere und genauso über ihm, denn die Dinge der Seele muss man sich immer in Fülle und Größe vorstellen, was sie nicht aufbauscht, weil sie viel mehr fasst, als wir uns vorzustellen vermögen«; Teresa von Avila, Wohnungen, 94.

21 Vgl. Hansgünter Ludewig, Gebet und Gotteserfahrung bei Gerhard Tersteegen, AGP 24, Göttingen 1986; ders., Spiritualität im Alltag – Leitlinien geistlicher Begleitung bei Gerhard Tersteegen – Ein Erfahrungsbericht in sieben Bildern, in: Manfred Kock (Hrsg.), Gerhard Tersteegen – Evangelische Mystik inmitten der Aufklärung, Köln 1997, 207–225, hier 215ff.; siehe auch: ders., Gerhard Tersteegen als evangelischer Mystiker, in: Dietrich Meyer/Udo Sträter (Hrsg.), Zur Rezeption mystischer Traditionen im Protestantismus des 16. bis 19. Jahrhunderts, Köln 2002, 241–282.

22 Siehe Gerhard Tersteegen, Briefe, 2 Bde., hg. von Gustav Adolf Benrath unter Mitarbeit von Ulrich Biester und Klaus vom Orde, TGP V/7, 1 u. 2, Gießen/Göttingen 2008 (hier: Bd. 1, Nr. 271, 488ff.).

Tersteegen kann auch die Beziehung zu Jesus Christus zum Angelpunkt machen. Er differenziert zwischen fünf verschiedenen Gestalten: dem Kommen zu Jesus, der Annahme Jesu, dem Bleiben bei Jesus, der Einwohnung Christi und schließlich dem Einswerden mit Christus.[23] Tersteegen kann solche Unterscheidungen auf den Grad der Vereinigung mit Gott beziehen, im Sinn einer wirklichen, einer andächtigen und einer empfindlichen Vereinigung mit Gott.[24] Wieder anders ordnet Tersteegen unterschiedliche Formen der Liebe: Hier unterscheidet er in die suchende Liebe, die Liebe der Empfindung, die Liebe der Zuneigung und die Liebe der Hochschätzung.[25]

Es hat Versuche gegeben, aus all diesen Schemata eine Grundform abzuleiten, in der sich alle Entwürfe verbinden lassen. Das Missliche an diesem Vorschlag ist, dass Tersteegen selbst so etwas nicht unternommen hat – im Gegenteil.[26] Er hält zwar die Unterscheidung verschiedener Stände für notwendig. Jede Verabsolutierung einer bestimmten Ordnung lehnt Tersteegen aber ab. Der menschliche Weg zu einer solchen Vereinigung des Menschen mit Gott in der Zeit lässt sich nicht in einer linearen Abfolgelogik abbilden. Die Wegführung verläuft letztlich immer individuell. Darauf legt Tersteegen auch in einem Brief wert:

> »Doch will ich diesen Brief nicht so angesehen haben, als wenn der eine Staffel auf den anderen allezeit eben so folgen müßte. Es ist zwar wohl etwas daran, aber nicht bey allen Seelen, auch nicht so ordentlich und unterschiedlich: zu geschweigen, dass die ungleiche Beschaffenheiten und das ungleiche Verhalten der Seelen merckliche Veränderungen in den Führungen verursachet; Gott auch nicht mit allen einerley Absicht hat.«[27]

Es gibt keine endgültige und immer verbindliche Ordnung im geistlichen Leben. Das steht der Freiheit Gottes in der Führung der Seelen entgegen:[28] »Auch muß mans GOtt überlassen, wie lange und auff welche Weise es Ihm beliebt, sie darinnen zu halten, ehe Er

23 Siehe Tersteegen, Briefe, Bd. 1, Nr. 337, 596ff.

24 Vgl. Tersteegen, Briefe, Bd. 2, Nr. 635, 409–410.

25 Vgl. Tersteegen, Briefe, Bd. 2, Nr. 315, 560.

26 In einem Brief relativiert Tersteegen ein eigenes Schema sofort wieder: »Ich halte sonst nicht viel darauf, wann die Gemüther so viel wissen von denen Stuffen im Christenthum; da die Eigenliebe sich so gern oban an will setzen und sich in etwas formen, worein Gott noch nicht führet«; Tersteegen, Briefe, Bd. 1, Nr. 271, 492.

27 Tersteegen, Briefe, Bd. 1, Nr. 271, 492f.

28 Vgl. auch: Dietrich Meyer, Die Spiritualität des reformierten Pietismus am Beispiel Gerhard Tersteegen (1697–1769), in: Peter Zimmerling (Hrsg.), Handbuch Evangelische Spiritualität. Band 1: Geschichte, Göttingen 2017, 419–437, hier 428.

sie zu mehrerer Erweiterung und Frieden in den Wegen seiner Gnade bringet.«[29]

Tersteegens Rezeption der romanischen Mystik verarbeitet vor allem eine offene Konzeption verschiedener Stadien, die sich nicht in ein bestimmtes Ablaufschema pressen lassen.[30] Die Notwendigkeit, den eigenen geistlichen Stand ›richtig‹ anzugeben, liefe der Grundhaltung zuwider, von sich abzusehen und sich Christus zu übergeben. Daher gilt es, sich weder auf die »Empfindlichkeiten« noch »auff unsere Reflexionen« zu stützen.[31] »Dergleichen Neugierigkeiten sind durchgehends mißlich und den Seelen schädlich, so entweder unnöthige Muthlosigkeit, oder Sicherheit, oder Selbst-Gefallen wircken.«[32]

Warum ist aber überhaupt die Berücksichtigung unterschiedlicher Stände und Stadien nötig? Offenbar hat die Unterscheidung der Stände für Tersteegen wesentlich damit zu tun, Erfahrungen innerer Dunkelheit, das Ausbleiben positiver Gefühle und das Erleben »innerer Dunckelheiten, Proben und Leiden«[33] bewältigen bzw. in den eigenen Glaubensweg integrieren zu können. Ausführlich bemüht sich Tersteegen um einen biblischen Nachweis, dass auch im Stand der Gnade der Mensch Nüchternheit, Kampf mit dem Fleisch, Verleugnung eigensüchtiger Motive nötig habe. Nur in dieser Haltung sei es möglich, an den positiven Gefühlen nicht zu hängen bzw. den Verlust des Schmeckens und Genießens zu ertragen. Tersteegen hält diese Muster für wertvoll für jede menschliche Selbsterkenntnis. Fatal wird ihr Gebrauch da, wo er Grundlage menschlicher Selbstbewertung wird. Hier ist der Vorrang der Gnade unbedingt festzuhalten. Solche Wegelogiken stiften ein Deutungsangebot, völlig unterschiedliche Lebenserfahrungen in den Horizont der Gottesbeziehung zu integrieren.

29 Gerhard Tersteegen, Warnungsschreiben wider die Leichtsinnigkeit, in: ders., Abhandlungen, 204.

30 Vgl. schon Tersteegens frühe Schrift: Gerhard Tersteegen, Anweisung und Beschreibung einiger geistlicher Bücher, in: Dietrich Meyer (Hrsg.), Gerhard Tersteegen. Ich bete an die Macht der Liebe, Gießen, Basel 1997, 51–66. Hier eröffnet Tersteegen eine eigene Rubrik mit der Überschrift: Stände und Führungen. Neben Madame Guyon (1648–1717) verweist Tersteegen in dieser Rubrik auf Johanes Tauler (1300–1361) und Johannes vom Kreuz (1542–1591). Es bedürfte an dieser Stelle einer ausführlicheren Auseinandersetzung mit der Rezeption dieser Autoren insgesamt, aber so viel kann man sagen: Gerade Johannes Tauler und Johannes vom Kreuz unterscheiden sich von anderen Formen der Mystik dadurch, dass sie kein lineares Aufstiegsschema vertreten. Bei beiden spielt die Phase der Bedrängnis bzw. der dunklen Nacht eine große Rolle.

31 Tersteegen, Leichtsinnigkeit, 208; Vgl. vor allem auch ebd., 210.

32 Ebd., 208.

33 Ebd., 210.

Die jüngere Mystikforschung[34] hat m.E. überzeugend gezeigt, dass sich die mystische Tradition nicht festlegen lässt auf das Motiv eines Aufstiegs zur Vereinigung mit dem Absoluten. Nicht die *Linearität* des spirituellen Entwicklungsgangs, sondern die Erfahrung einer *Polarität* von Nähe und Ferne, Präsenz und Entzogenheit des Göttlichen kann als das zentrale Thema mystischer Tradition gelten. Wenn wir Mystik als Intensivform von Spiritualität verstehen, ist diese Einsicht für alle Formen des geistlichen Lebens hilfreich. Die Grundunterscheidung der Erfahrung von Gottes Nähe und Gottes Abwesenheit ist offener für die individuelle Vielfalt religiöser Such- und Sehnsuchtsbewegungen als die dualisierenden und exkludierenden Muster der vorreformatorischen Bußfrömmigkeit bzw. des traditionellen *ordo salutis* protestantischer Bekehrungsfrömmigkeit. Dieser Erfahrungsschatz der Mystik ist heute für jeden umfassenderen Begriff von Spiritualität hilfreich. So hat die Mystik eine lange Tradition darin, Erfahrungen innerer Leere, namenloser Angst und tiefster Verlassenheit geistlich so zu deuten, dass ihr negativer Gehalt ganz ernst genommen und nicht bagatellisiert wird – sie zugleich aber geöffnet werden für die Einsicht, dass auch solche Erfahrungen Teil eines religiösen Weges sein können. Der heute vielfach beklagte Erfahrungsverlust des religiösen Empfindens muss als Zeichen der Zeit ernstgenommen werden. Die Rede von der Erfahrung der ›dunklen Nacht der Sinne und des Geistes‹ ist eine vielbeachtete Traditionsspur, die bis heute Worte dafür verleiht, solchen Erfahrungsverlust als Teil eines geistlichen Weges verstehbar zu machen. Von den Klassikern der spirituellen Tradition ist heute neu zu lernen, wie die Vielfalt menschlicher Erfahrung im Lichte der christlichen Heilsoffenbarung erhellend gedeutet und die Botschaft der christlichen Verkündigung heilsam erfahren werden kann.

IV. Ökumenische Spiritualität

Ich habe in diesem Beitrag immer wieder Bezug genommen auf einen *evangelischen* Mystiker – und dabei bewusst in Kauf genommen, dass dies als Engführung wirken mag. Es kommt heute vieles darauf an, ›Profil‹ und ›Weite‹ nicht als Gegensätze aufbauen. Die Exkarnation des Christentums betrifft uns alle mehr oder weniger. Glaube ist nicht mehr wie selbstverständlich eingebettet in das Leben der Familie bzw. der Ortsgemeinde

34 Vgl. vor allem Bernard McGinn, Die Mystik im Abendland, Bd. 1: Ursprünge, Freiburg u.a. ²2001. Vgl. zum Folgenden auch Thorsten Dietz, Evangelische Spiritualität und Gefühl, in: Zimmerling (Hrsg.), Handbuch vangelische Spiritualität, Bd. 2: Theologie, Göttingen 2018, 229–248.

oder in den Jahreskreislauf, der in einem engen Verhältnis mit dem Festkreislauf des Kirchenjahres steht. Diese Verzahnung gibt es nach wie vor, aber sie wird schwächer; teilweise reduziert sie sich auf einzelne Höhepunkte wie den Heiligen Abend.

Wir erleben eine Verbuntung der spirituellen Angebote und ihrer Inanspruchnahme: Evangelische Christen entdecken Pilgern. Katholische Gläubige entdecken charismatische Lobpreismusik. In diesem Zusammenhang möchte ich einmal mehr Tersteegen als anregende Gestalt betrachten. Wie kein zweiter Protestant hat er es unternommen, sich nicht nur auf die gemeinsamen Quellen der Kirche zu beziehen. In seinen ›Lebensbeschreibungen heiliger Seelen‹ hat er eine ganze Reihe von spirituellen Vorbildern der nachreformatorischen katholischen Kirche beschrieben. Gleichzeitig kann man nicht behaupten, dass er sein eigenes evangelisches Profil verloren hat. Ganz offensichtlich ist er in vielen Fragen (dem Schriftverständnis, der Sicht der Kirche, der Sakramente etc.) ganz seiner reformierten Heimatkirche verbunden.

Diese Mischung als solche muss man in keiner Weise nachahmen – aber sie zeigt Offenheit *und* Profil. Beides tut heute not. Wenn Gottes Transzendenz größer ist als alle Medien, die sie vergegenwärtigen können, gilt dies letztlich auch für die Vielfalt der Konfessionen. Keine repräsentiert Gott erschöpfend. Wenn es Gott gefallen hat, nie abstrakt, sondern immer höchst konkret zugänglich zu werden, so muss die Vielfalt spiritueller Wege als Reichtum gewürdigt und gepflegt werden. Nichts wäre schlimme als eine McDonaldisierung der spirituellen Welt, wo es überall das gleiche Angebot gibt und überall der gleiche Geschmack herrscht. So ist Ökumene als eine gestaltete Vielfalt christlichen Glaubens heute keine Option für je einen bestimmten Flügel der Kirchen, sondern eine Zukunftsherausforderung für uns alle. Nur so werden und bleiben alte und neue Routen zum Glauben und im Glauben begehbar und zugänglich.

II. Konfessionelle Perspektiven

1. Orthodoxe Spiritualität

Constantin Miron

Von den vielen Definitionen der Spiritualität gefällt mir jene am besten, die sie mit einem ›Leben aus dem Geist‹ in Verbindung bringt. Dass dieser Geist für uns Christen (in diesem Fall: die orthodoxen Christen) der Heilige Geist ist, steht außer Frage. Und dass dieses Leben eine besondere Herausforderung darstellt, ist ebenfalls klar. Schließlich wissen wir, dass »der Geist weht, wo er will« (Joh 3,8). Auch haben wir seit den frühesten Zeiten des Christentums gelernt, wie wichtig die Unterscheidung der Geister ist (vgl. 1. Kor 12,10; 1. Joh 4,1–6).

I. Das christliche Bekenntnis zum Heiligen Geist

Der Glaube an den Heiligen Geist ist als Teil des Bekenntnisses zur Trinität allen Christen gemeinsam. Ja, er ist ein Spezifikum des Christentums – und ein Alleinstellungsmerkmal. Als ich einmal einen etwas aggressiven Anhänger einer pseudo-christlichen Gruppierung, der mich davon überzeugen wollte, sehr wohl ein Christ zu sein, fragte, ob er denn das – ihm offensichtlich unbekannte – Glaubensbekenntnis von Nizäa und Konstantinopel mitsprechen könne, erhielt ich sofort die Gegenfrage »Kommt da was mit dem Heiligen Geist vor?« Als ich dies bejahte, musste er seine Distanzierung zum Christentum eingestehen. Gemeinsam ist also allen Christen der Glaube an den Geist, »der Herr ist und lebendig macht«, wie es im oben genannten Glaubensbekenntnis ausgesagt wird. Wie tragisch ist andererseits, dass die Formulierung des nächsten Satzes (»der aus dem Vater hervorgeht«), die in der Urfassung von Konstantinopel (381) steht, durch den Zusatz des *filioque* zum Ausgangspunkt der Großen Kirchenspaltung zwischen Ost- und Westkirche wurde, die bei aller inzwischen erreichten theologischen Annäherung in dieser Frage bis heute anhält. Wie gut, dass der weitere Text des Nizäno-Konstantinopolitanums (»der mit dem Vater und dem Sohn angebetet und verherrlicht wird, der gesprochen hat durch die Propheten«) wieder konsensfähig ist.

Allerdings muss ich an dieser Stelle noch ein *ceterum censeo* einfügen, das man womöglich schon von mir gehört hat. Es geht um die

Bedeutung des Punktes nach dem Wort ›Propheten‹, der in der deutschen Verwendung des Glaubensbekenntnisses immer häufiger vergessen wird. In wie vielen ökumenischen Gottesdiensten habe ich es schon gehört: »der gesprochen hat durch die Propheten und die eine [...] Kirche.« Dass der Heilige Geist durch die Kirche spricht, ist für die orthodoxen Christen unstrittig; ich werde gleich noch einmal darauf zurückkommen. Nur, dass im Text des griechisch verfassten Glaubensbekenntnisses etwas anderes steht. Nach dem διὰ τῶν προφητῶν (durch die Propheten) im Genitiv folgt im Akkusativ Εἰς μίαν, Ἁγίαν, Καθολικὴν καὶ Ἀποστολικὴν Ἐκκλησίαν – übrigens ohne ein verbindendes ›und‹. Es ist damit eindeutig, dass sich dieser neue Abschnitt auf das am Anfang des Textes stehende πιστεύω (ich glaube) bezieht und nicht mehr Teil des Artikels über den Heiligen Geist ist.

Wenn es um das Verhältnis von Heiligem Geist und Kirche geht, fällt dem orthodoxen Christen sicherlich sofort ein Pfingsthymnus ein, in dem es heißt: »Alles spendet der Heilige Geist: Weissagungen lässt er hervorquellen, vollendet Priester, lehrt Unwissende Weisheit, macht Fischer zu Gottgelehrten und hält zusammen die ganze Kirche.«[1] In einem historischen Präsens wird hier die gesamte Heilsgeschichte rekapituliert, von den alttestamentlichen Propheten über die Fischer, die zu Jüngern Jesu und Aposteln wurden, bis zum Zusammenhalt der Kirche. Und hier befinden wir uns im tatsächlichen Präsens: Die Kirche existiert *heute* und der Heilige Geist wirkt heute in ihr.

II. Der pneumatologische Akzent der Orthodoxie

Damit sind wir schon bei einer orthodoxen Art der Theologie – und auch der Spiritualität – angekommen. *›Lex orandi – lex credendi‹* (das Gesetz des Betens entspricht dem Gesetz des Glaubens) ist ein altes Prinzip, dass hier Anwendung findet. Anders gesagt: Die Kirche betet so, wie sie glaubt und glaubt so, wie sie betet. Diese Austauschbarkeit der Begriffe – die Mathematiker nennen das, glaube ich, Kommutativgesetz – führt dazu, dass man, wenn man den orthodoxen Glauben kennenlernen will, sich am besten mit dem orthodoxen Gebet und dem orthodoxen Gottesdienst vertraut macht. Da findet man auch am ehesten die Antwort auf die Frage »Was könnte das orthodoxe Verständnis von Spiritualität sein?«

1 Stichiron idiomelon der Pfingstvesper, 1. Ton. Zu den hier und im Folgenden genannten hymnologischen Termini der orthodoxen Kirche vgl. Konstantin Nikolakopoulos, Orthodoxe Hymnographie. Lexikon der orthodoxen hymnologisch-musikalischen Terminologie, Schliern 1999.

Ein orthodoxes Spezifikum ist sicherlich, dass jeder Gottesdienst (aber im Grunde auch jedes private Gebet) mit einer Anrufung des Heiligen Geistes beginnt: »Himmlischer König, Tröster, Du Geist der Wahrheit, allgegenwärtig und alles erfüllend, Schatzkammer der Güter und Spender des Lebens, komm, wohne in uns, reinige uns von jeder Verfehlung und rette, Gütiger, unsere Seelen.«[2] Zwei Dinge fallen bei einer näheren Betrachtung dieses Gebets auf: Zum einen handelt es sich offensichtlich um eine Epiklese. Üblicherweise bezeichnet man mit diesem Begriff ja jenes Gebet, »das der Priester bei der Eucharistiefeier nach den Einsetzungsworten und der Anamnese spricht und im Namen der Gemeinde um die Herabkunft des Heiligen Geistes auf die Versammlung und die Gaben bittet.«[3] In der Tat, in der eucharistischen Epiklese wird nicht nur um die Wandlung der Gaben von Brot und Wein gebetet. Vielmehr spricht der zelebrierende Bischof oder Priester: »So bringen wir Dir diesen geistlichen und unblutigen Dienst der Anbetung dar und rufen und bitten und flehen zu Dir: Sende herab Deinen Heiligen Geist *auf uns* und diese Gaben hier und mache dieses Brot zum kostbaren Leib Deines Christus, und, was in diesem Kelche ist, zum kostbaren Blut Deines Christus, sie verwandelnd durch Deinen Heiligen Geist.«[4] Die (eucharistische) Wandlung betrifft also auch jeden einzelnen von uns. Anders gesagt: Die Epiklese wird zum Lebensprinzip.

Das Andere, was einem bereits bei diesem ersten Gebet des orthodoxen Tagzeitengebets auffällt, ist der Zusammenhang, der zwischen dem Geist und dem Leben bzw. seiner Entstehung hergestellt wird: »Spender des Lebens« wird er hier genannt. Heitz übersetzt, indem er eine klassische Verwendung des griechischen χορηγός anachronistisch verwendet, hier »Chorführer des Lebens«. Er rechtfertigt dies so: »Chorigos wird gewöhnlich übersetzt mit ›Spender des Lebens‹, was nicht den ganzen Sinn des Begriffes deckt, vgl. die Pfingsttropare, in denen ›Zoopoios‹ und ›Chorigos‹ nebeneinander stehen können.« [5] In der Tat ist aber dieses ›Zoopoios‹ in der trinitarischen Abschlussformel vieler Gebete das Attribut *par excellence* des Geistes – neben ›allheilig‹ und ›gut‹. Die deutschen Übersetzungen schwanken hier zwischen ›lebendig machend‹, ›Leben schenkend‹, ›Leben stiftend‹ u.a.m. Festzuhalten gilt, dass dieser Aspekt des Leben Schenkens, der den »Geist, der über den Wassern schwebt«

2 Ursprünglich ein Apostichon der Pfingstvesper im 6. Ton.

3 Anastasios Kallis, Art. Epiklese, in: ders., Von Adam bis Zölibat. Taschenlexikon Orthodoxe Theologie, Münster 2008, 95.

4 Sergius Heitz (Hrsg.), Mysterium der Anbetung. Göttliche Liturgie und Stundengebet der Orthodoxen Kirche, Köln 1986, 376.

5 Ebd., 316.

(Gen 1,2) mit dem »Lebenshauch« (Gen 2,7) verknüpft, die gottesdienstlichen Texte und die Hymnologie der orthodoxen Kirche durchzieht.

III. Die Verehrung des Heiligen Geistes in der Liturgie der Ostkirche

Besonders schön lässt sich dies an folgendem Beispiel illustrieren: Jeden Sonntagmorgen werden im jeweils anstehenden der acht Kirchentöne, die nacheinander verwendet werden, die sogenannten *Anavathmi* (Stufengesänge) gesungen. Es handelt sich um »kurze, meist aus einem Satz bestehende Gesänge, deren Gestalt und Struktur derjenigen alttestamentlicher Psalmen ähneln.«[6] Der Terminus *Anavathmi* ist direkt von den Psalmen 119–133 übernommen, die man als Stufengesänge *(Cantica graduum)* bezeichnet. »Die ganze Textsammlung gliedert sich in acht Teile, die den acht byzantinischen Kirchentönen zugeordnet sind. Jeder dieser acht Teile setzt sich aus drei oder vier Versgruppen zusammen, die Antiphonen heißen [...]. Interessanterweise werden alle diese 75 Hymnenverse vom Mönch Nikodemos Hagiorites (18. Jahrhundert) als die geistigen Stufen einer Treppe angesehen und in seinem Buch ›Νέα Κλίμαξ‹ ausführlich kommentiert und inhaltlich erläutert.«[7]

Der letzte Vers jeder Antiphon ist dem Heiligen Geist gewidmet und beginnt einheitlich mit dem dativischen Ἁγίῳ Πνεύματι.[8] In insgesamt 25 kurzen Texten stellt die orthodoxe Kirche hier die Frage: Was hat der Heilige Geist mit unserer eigenen Existenz zu tun? Und sie wiederholt ihre Antwort an jedem (!) Sonntag des Kirchenjahres. Eine ganze Reihe von Begriffen werden in diesen Hymnen in Beziehung zum Heiligen Geist gesetzt: Da ist die Rede von Heiligkeit und Weisheit (A8), vom Reichtum der Erkenntnis (A12), von Liebe, Licht, Vernunft und Güte (A14), von Gerechtigkeit (A21), von Frieden (A25), von Gnade, Reichtum und Herrlichkeit[9] (A21), aber auch von Verstand und Furcht[10] (A19).

6 Nikolakopoulos, Hymnographie, 20f.

7 Ebd.

8 Eine komplette Auflistung dieser 25 Verse findet sich im Anhang. Auf diese Aufstellung beziehen sich die Kürzel A1 etc.

9 Im griechischen Original steht hier δόξα, also ein Beziehung stiftender Begriff, der vielleicht besser mit ›Verherrlichung‹ wiederzugeben wäre. Ich komme später auf diesen Begriff zurück.

10 Der Begriff Furcht φόβος erscheint dem deutschsprachigen Leser oder Mitbeter sicherlich zunächst fremd, da er negativ konnotiert erscheint. Allein die in dieser Antiphon A19 gewählte Position hinter σοφία , d.i. Weisheit, und σύνεσις, d.i. Besonnenheit, widerlegt diesen Eindruck und verweist selbstverständlich auf

Und immer wieder taucht, wie gesagt, das Motiv des Geistes als Lebensspenders auf: Er belebt das All (A22), das in ihm lebt (A7), er ist das »Leben aller Wesen« (A20), er ruft die Schöpfung ins Dasein (A8), ja, er gibt allem Leben Odem (A15). Neben dieser Metapher des (lebensnotwendigen) Atmens für den lebensnotwendigen Geist wird in A9 das für das Leben und Überleben ebenso unerlässliche Wasser als Metapher bemüht, wenn es heißt, dass durch den Geist »der ganzen Schöpfung Gnade und Leben *zufließt*«. Dass hier nicht ein diffuses Fluidum, sondern tatsächlich das Wasser gemeint ist, belegen die nächsten Antiphonen A10, wo von der reinigenden Kraft des Geistes gesprochen wird, und A11, wo noch konkreter steht: »Dem Heiligen Geist entquellen die *Ströme* der Gnade; sie *bewässern* die ganze Schöpfung, Leben hervorzubringen.« So bewirkt er Erlösung (A16), Segen und die »Vergöttlichung aller« (A17).[11] Daneben kann natürlich diese Kurzfassung einer orthodoxen Pneumatologie nicht ohne den trinitarischen Bezug auskommen, der sich u.a. in A25, A24, A22, A21, A17, A13 findet.

So ist orthodoxe Spiritualität die »Offenbarung Gottes« in unserem Leben (A24, A12) und die Erkenntnis des »einen Urgrundes« aller Dinge (A25). Laut Anastasios Kallis zeigt die orthodoxe Kirche »eine besondere Sensibilität für das Wirken des Heiligen Geistes«.[12] Dieses Leben aus dem Heiligen Geist ist kein mystischer Sonderweg der Mönche bzw. Nonnen und bedeutet nicht die Ablehnung oder gar ein Verlassen der Welt *(fuga mundi)*. Wenn der Heilige Geist es ist, der uns das Leben schenkt, wenn er so lebensnotwendig wie das Wasser für unsere Seele *und* unseren Leib ist, der ja ein »Tempel des Geistes« (1. Kor 6,19) ist, wird klar, dass Spiritualität nach orthodoxem Verständnis alltäglich ist – nicht in einem abwertenden, sondern in einem aufwertenden Sinn. Auch das Backen des Brotes, auch die Ernte der Früchte der Erde, auch das Graben eines Brunnens (oder um in einer industrielleren bzw. postindustrielleren Sprache zu sprechen: auch der Weg ins Büro, auch die Arbeit am Computer und auch die Freizeit) ist eine Partizipation am Leben, das der Heilige Geist uns schenkt, ist also immer (auch) Spiritualität.

Ps 111,10, wo es heißt, dass der Beginn der Weisheit »die Furcht des Herrn« ist. Furcht, vielleicht besser: Ehrfurcht oder Gottesfurcht als Frucht des Geistes, ist ein Aspekt der Spiritualität, über den es noch nachzudenken gilt.

11 Der Begriff der ›Vergöttlichung‹ (θέωσις) – hier wird ein abgeleitetes Kompositum, nämlich ἐνθέωσις, verwendet, ist ein zentraler Begriff orthodoxer Theologie und Spiritualität.

12 Anastasios Kallis, Art. Pneumatologie, in: ders., Adam bis Zölibat, 272.

Jede Tradition des Christentums hat im Lauf der Zeit bestimmte Formen der Spiritualität entwickelt, die im ökumenischen Diskurs durchaus als Alleinstellungsmerkmale einer Konfession angesehen werden. Wer die spirituelle Praxis der orthodoxen Christen konkret beschreiben will, wird sicher an erster Stelle Begriffe wie Ikonenverehrung oder Herzensgebet nennen. Es fällt auf, dass beide Termini mit der kultischen Seite des christlichen Glaubens zu tun haben und im Grunde die zweite Bedeutung des Wortes ›orthodox‹ (neben ›rechtgläubig‹) belegen, denn Orthodoxie ist ja auch der ›rechte Lobpreis‹ (δόξα, δοξολογία) Gottes. Interessant ist dabei, dass die Ikone an der Schnittstelle (oder sollte ich besser sagen: als Bindeglied) zwischen individueller und kollektiver (kommunitärer) Spiritualität steht. So unmöglich ein orthodoxes Kirchengebäude ohne Ikonen wäre, so ungewöhnlich wäre die Wohnung eines orthodoxen Christen ohne dieselben. Tief verwurzelt in der DNA der orthodoxen Gebets- und Lobpreispraxis ist das *Bild*, das eine Beziehung zum Urbild bildet und abbildet. Nicht als ***biblia pauperum***, als Bibel der (ungebildeten) Armen, die sich keine Heilige Schrift leisten können und sie womöglich gar nicht lesen könnten, hat die Ikone im christlichen Osten überlebt, sondern als mystisches[13] Fenster zur Ewigkeit, das unserem begrenzten Verstand hilft, das Unbegreifliche zu erkennen.

Wer das Wort ›Spiritualität‹ im Wörterbuch nachschlägt, findet direkt davor den ›Spiritual‹ – also einen Verantwortlichen für die geistliche Begleitung in römisch-katholischen Ordensgemeinschaften und Priesterseminaren, der als feste Institution für die Spendung des Sakraments der Beichte u.a.m. zuständig ist. Der entsprechende griechische Begriff πνευματικός bezeichnet in der orthodoxen Kirche nicht nur den Beichtpriester innerhalb und außerhalb eines Klosters, sondern auch den geistlichen Vater, der über eine rein sakramentale Betreuung hinaus sein Beichtkind begleitet. Aus den russischen Romanen des 19. Jahrhunderts sind uns ja die sogenannten *Starzen* (wörtlich übersetzt bedeutet das: die ›Alten‹) bekannt, zu deren Klöstern die orthodoxen Gläubigen reisten, um Rat, Trost und Segen zu empfangen. Diese Rolle der Klöster und ihrer Altväter (griechisch: *Gerontes*) ist kein verflossenes Institut der Vergangenheit, sondern durchaus aktuell und präsent, im ehemals sozialistischen Lebensraum der orthodoxen Völker sogar mit steigender Tendenz. Dies erklärt nicht nur die Bedeutung der Klöster in der Orthodoxie, sondern auch ihr statistisches Wachstum. In der Sprechweise von heute müsste man

13 Mystisch verweist auf das Mysterium, das Geheimnis also, in das man initiiert wird.

den Gerontas bzw. Starez vielleicht in *senior expert* in Sachen Gottessuche plus Lebenshilfe umbenennen. Was dabei den nicht-orthodoxen Beobachter überrascht, der über den konfessionellen Gartenzaun schaut, ist die Tatsache, dass diese Form der geistlichen Vaterschaft eben nicht nur in den Klöstern zuhause ist, sondern auch in den herkömmlichen Pfarrgemeinden – sowohl was die Väter, als auch was die geistlichen Kinder betrifft. Beim entsprechenden Blick des Orthodoxen in die Praxis der römisch-katholischen Kirche ist auffallend, dass bei einer Priesterweihe gemäß CIC Can. 239 § 2 eine Einbeziehung des Spirituals in die Entscheidung über die Zulassung oder Nichtzulassung eines Kandidaten nicht zulässig ist, während in der orthodoxen Kirche das ›Geistliche Zeugnis‹ (συμμαρτυρία) seines Beichtvaters als unabdingbar gilt.

In aller Kürze sei an dieser Stelle noch auf das *Fasten* als ein weiteres Charakteristikum orthodoxen geistlichen Lebens hingewiesen, das man mit dem paradoxen Begriff ›leibliche Spiritualität‹ beschreiben könnte. Denn, wie das Heilige und Große Konzil der Orthodoxen Kirche (Kreta 2016) formulierte, ist das Fasten »als ein geistliches Unterfangen« nicht zu trennen vom unaufhörlichen Gebet und von der aufrichtigen Umkehr. »Umkehr ohne Fasten ist nutzlos«,[14] ebenso wie Fasten ohne Werke der Barmherzigkeit tot ist – besonders heutzutage, wo die ungleiche und ungerechte Verteilung von Gütern ganze Völker ihres täglichen Brotes beraubt.[15] Das Fasten kann also nicht auf den schlichten und formellen Verzicht auf bestimmte Nahrungsmittel reduziert werden (selbst wenn es bei der orthodoxen Art des Fastens nicht um eine selbstgewählte Selektion bestimmter Nahrungsmittel geht, auf die man verzichtet, sondern im Grunde um eine vegane Ernährung, die dem paradiesischen Ursprung und Geist des Fastens entspricht. Der Kirchenvater Basileios der Große (4. Jahrhundert) schreibt: »So reicht es für ein lobenswertes Fasten nicht aus, auf Nahrungsmittel zu verzichten; lasst uns vielmehr in einer annehmbaren Weise fasten, die Gott wohlgefällig ist. Wahres Fasten wendet sich gegen das Böse, es ist Enthaltsamkeit der Zunge; es bedeutet, den Zorn im Zaum zu halten und ist Trennung von Lüsten, übler Nachrede, Lüge und Meineid. Verzicht auf diese Dinge ist das wahre Fasten, und solch ein Fasten ist gut.«[16] Und das Konzil folgert: »Folglich betrifft das wahre Fasten das gesamte Leben der Glaubenden in Christus und wird

14 Basileios der Große, Über das Fasten 1, PG 31, 168A.

15 Zitiert nach: Die Bedeutung des Fastens und seine Einhaltung heute, Abschnitt 3, in: *Synodos*. Die offiziellen Dokumente des Heiligen und Großen Konzils von Kreta, Zweisprachige griechisch-deutsche Ausgabe, hg. von der Griechisch-Orthodoxen Metropolie von Deutschland, Bonn 2018, 51f.

16 Basileios der Große, Über das Fasten 2, 7: PG 31, 196D.

gekrönt durch ihre Teilnahme am Gottesdienst, insbesondere am Mysterium der Heiligen Eucharistie.«[17]

Auf die ab und zu gestellte Frage, wie es auf orthodoxe Christen wirkt, wenn Elemente ihrer Tradition in anderen Konfessionen ›angeeignet‹ werden, ohne die dahinterstehende Tradition zu übernehmen, kann ich nur antworten, dass das Leben im Geist wie auch die Gottessuche (oder Gottesferne) kein konfessionelles Sondergut darstellt, sondern allen Christen gemeinsam ist, die dabei natürlich an ihre eigene religiöse Sozialisation anknüpfen, um ans Ziel zu gelangen. Da mag der orthodoxe Christ die Matthäuspassion entdecken und der evangelische Christ die Rubljow-Ikone der ›Gastfreundschaft des Abraham‹; beide werden bereichert weitergehen können auf ihrem spirituellen Weg, wenn sie wertschätzend die vielfachen Schätze der Anderen entdecken. Nicht umsonst wird der Heilige Geist ja im oben genannten Gebet als ›Schatzkammer der Güter‹ bezeichnet. So gesehen ist es durchaus nachvollziehbar, die Spiritualität als möglichen Beitrag zur Förderung ökumenischer Beziehungen zu betrachten. Ion Bria, ein zeitgenössischer orthodoxer Theologe (1929–2002), bezeichnet Spiritualität als »einen allen Kirchen gemeinsamen Schatz« und hebt in diesem Zusammenhang das Gebet der Christen füreinander hervor: »Die Kirchenväter sprechen vom Leben des Heiligen als einem ›einzigen großen Gebet‹. Wenn [die Christen] ihre Arme erheben als Abendopfer[18] und eine deutliche und einfache Sprache sprechen, kann ihr gemeinsames Gebet der heutigen Welt zum Anlass des Staunens werden.«[19]

17 *Synodos*, 52.

18 Vgl. Ps 140(141),2.

19 Ion Bria, La vie, in: Marc-Antoine Costa de Beauregard/ders., L'Orthodoxie Hier-Demain, Paris 1979, 223.

Anhang:

Die 25 Antiphonen der sonntäglichen Matutin (nur die jeweils letzten Antiphonen, die dem Heiligen Geist gewidmet sind):[20]

A1 1. Ton – 1. Antiphon
Dem Heiligen Geist gebührt Ehre und Verherrlichung, gleichwie dem Vater samt dem Sohne.
Deshalb lasset uns singen der dreifach einen Macht!

A2 1. Ton – 2. Antiphon
Durch den Heiligen Geist wird die ganze Schöpfung erneuert, kehrt zurück in den Urstand.
Denn von gleicher Kraft ist er wie der Vater und der Logos.

A3 1. Ton – 3. Antiphon
Dem Heiligen Geist alle Ehre, Anbetung, Herrlichkeit und Macht wie dem Vater und dem Sohne!
Denn eins ist die Dreiheit dem Wesen nach, drei aber sind die Personen.

A4 2. Ton – 1. Antiphon
Dem Heiligen Geist gebühret es, zu herrschen, zu heiligen, zu bewegen die ganze Schöpfung.
Denn Er ist Gott, einwesentlich mit dem Vater und dem Logos.

A5 2. Ton – 2. Antiphon
Dem Heiligen Geist gebührt Ehre und Vorrang.
Denn alles Geschaffene bewirkt Er als Gott und hält es zusammen im Vater durch den Sohn.

A6 2. Ton – 3. Antiphon
Dem Heiligen Geist entströmt alle Weisheit. Aus Ihm fließt die Gnade den Aposteln zu.
Von Ihm werden in den Kämpfen die Märtyrer gekrönt. Und durch Ihn schauen die Propheten ihre Visionen.

20 Die hier vorliegende überarbeitete Version beruht auf: Das Gebet der Orthodoxen Kirche. Orologion und Oktoich, hg.. v. Sergius Heitz, Köln 1981, passim.

A7 3. Ton – 1. Antiphon
Alle gute Gabe entquillt dem Heiligen Geist, zusammen mit dem Vater und dem Sohne,
Ihm, in dem das All lebt und sich bewegt.

A8 3. Ton – 2. Antiphon
Im Heiligen Geist wohnt alle Heiligkeit und alle Weisheit. Denn er ruft ins Dasein die ganze Schöpfung.
Ihm wollen wir dienen wie dem Vater und dem Wort, denn Er ist Gott.

A9 3. Ton – 3. Antiphon
Dem Heiligen Geist gebühret aller Reichtum der Herrlichkeit.
Aus Ihm fließt der ganzen Schöpfung Gnade und Leben zu. Er wird gepriesen mit dem Vater und dem Logos.

A10 4. Ton – 1.Antiphon
Durch den Heiligen Geist wird jede Seele belebt und gereinigt erhebt sie sich, erleuchtet durch das verborgene Mysterium der heiligen Dreiheit.

A11 4. Ton – 2. Antiphon
Dem Heiligen Geist entquellen die Ströme der Gnade;
sie bewässern die ganze Schöpfung, Leben hervorzubringen.

A12 4. Ton – 3. Antiphon
Dem Heiligen Geist ist eigen Reichtum der Erkenntnis, der Anschauung und der Weisheit Gottes.
Denn in Ihm offenbart das Wort den Willen des Vaters.

A13 5. Ton – 1. Antiphon
Der Heilige Geist regiert alle Dinge, die sichtbaren und die unsichtbaren.
Alles Vermögen liegt bei Ihm;
denn Er ist wahrlich Einer der göttlichen Dreieinheit.

A14 5. Ton – 2. Antiphon
Den Heiligen Geist lasset uns preisen, Seine Gottheit bekennen und sprechen:
»Du bist Gott, Leben, Liebe, Licht, Vernunft; Du bist Güte, Du herrschest in die Äonen!«

A15 5. Ton – 3. Antiphon
Der Heilige Geist ist Lebensspender. Er gibt allem Leben Odem,
Er ist Schöpfer wie der Vater und der Logos.

A16 6. Ton – 1. Antiphon
Der Heilige Geist ist es, der unsere Erlösung bewirkt.
Wen Er Seines Anhauchens würdigt, den erhebt Er über das Irdische.
Er gibt ihm Flügel, lässt ihn aufsteigen und in den Himmeln wohnen.

A17 6. Ton – 2. Antiphon
Der Heilige Geist bewirkt die Vergöttlichung aller.
Er gibt einen achtsamen Willen, Erkenntnis, Frieden und Segen.
Denn Er handelt wie der Vater und das Wort.

A18 6. Ton – 3. Antiphon
Dem Heiligen Geist gebührt die Herrschaft über alles!
Die himmlischen Heerscharen beten Ihn an und mit ihnen alles, was Odem hat, auf Erden.

A19 7. Ton – 1. Antiphon
Der Heilige Geist ist die Quelle göttlicher Schätze, aus Ihm kommt Weisheit, Besonnenheit und Furcht;
Ihm gebühret das Lob und der Ruhm, Ihm die Ehre und die Herrschaft.

A20 7. Ton – 2. Antiphon
Durch den Heiligen Geist hat alles seinen Bestand.
Denn Er ist vor den Äonen Gott, Herr des Alls, unnahbares Licht, Leben aller Wesen.

A21 7. Ton – 3. Antiphon
Der Heilige Geist ist der Abgrund der Gnade, des Reichtums und der Herrlichkeit!
Er ist die Größe und Tiefe der Gerechtigkeit.
Denn Er ist anzubeten mit gleicher Ehrerbietung wie der Vater und der Sohn.

A22 8. Ton – 1. Antiphon
Dem Heiligen Geist kommt es zu, das All zu beleben.
Er ist Licht vom Lichte, der große Gott. Samt dem Vater und dem Wort wollen wir Ihn preisen!

A23 8. Ton – 2. Antiphon
Durch den Heiligen Geist sieht und weissagt jeder, in dem Gott Seine Wohnung genommen,
und er wirkt Wunder, wenn er den Einen Gott in drei Personen besingt.
Denn, wenn es auch dreifach erstrahlt, so herrscht doch als Einheit das Göttliche.

A24 8. Ton – 3. Antiphon
Durch den Heiligen Geist offenbart sich Gott. Er ist eine dreimalige Einheit.
Denn der Vater ist ohne Anfang, aus Ihm erwuchs der Sohn jenseits der Zeit
und der mitthronende Geist, der gleichen Wesens ist.

A25 8. Ton – 4. Antiphon
Im Heiligen Geist offenbart sich der eine Urgrund. Alles erhält Er; Frieden spendet Er.
Denn Er ist Gott, mit dem Vater und dem Sohne wahrhaft eines Wesens.

2. Katholische Spiritualität

Klaus Vechtel

I. Einleitung

Die Rede von katholischer Spiritualität ist Fragen ausgesetzt: »Was an Spiritualität kann spezifisch katholisch sein?«[1] Ist eine katholische Spiritualität gebunden an bestimmte, unverzichtbare Elemente, an ›Identitätsmarker‹, in denen sich das Spezifische einer katholischen Spiritualität in Abgrenzung von anderen Spiritualitäten – etwa einer evangelischen – spiegelt? Beispielhaft sei hier auf Karl-Heinz Menkes Bestimmung des ›Katholischen‹ als sakramental-inkarnatorisch im Gegensatz zu einer evangelisch worthaft-pneumatologischen Auffassung des christlichen Glaubens verwiesen;[2] andere Beispiele ließen sich problemlos anschließen: Eine katholische Spiritualität sei marianisch, amtlich etc. Zeichnet sich eine katholische Spiritualität durch ein einliniges *(top-down)* Verhältnis von Dogma bzw. kirchlicher Glaubensaussage und Spiritualität aus – in dem Sinn, dass die Spiritualität auf dem Dogma (bzw. der Dogmatik) beruhe und sich nur insofern vom Dogma unterscheide, als sie die Reaktionen erforscht und beschreibt, die die Glaubensaussagen »im religiösen Bewusstsein hervorrufen«?[3] Im Folgenden möchte ich zu klären versuchen, wie sich Spiritualität aus einer katholischen Perspektive heraus verstehen lässt. Gibt es überhaupt bestimmte Merkmale und Haltungen, die Spiritualität aus einer spezifisch katholischen Perspektive heraus zukommen?

II. Begriffliche Problemanzeigen

Zunächst ergibt sich die Schwierigkeit, den Begriff ›Spiritualität‹ zu bestimmen, insofern dieser ein ›Containerbegriff‹ ist, mit dem sehr diffuse, unterschiedliche Vorstellungen verbunden sind. Der Begriff ›Spiritualität‹ hat, so Bernhard McGinn, eine »semantische Explosion«[4] mitgemacht.

1 Christoph Benke, Katholische Spiritualität, in: GuL 86 (2013), 1–16, hier 1.

2 Vgl. Karl-Heinz Menke, Sakramentalität. Wesen und Wunde des Katholizismus, Regensburg 2012.

3 So etwa Louis Bouyer, zitiert nach Bernard McGinn, Buchstabe und Geist. Spiritualität als akademische Disziplin, in: GuL 80 (2007), 337–356, hier 344.

4 McGinn, Buchstabe und Geist, 337.

Seine Popularität verdankt sich nach dem Urteil des Religionssoziologen Michael Ebertz einer Erosion von verpflichtenden sozialen Modellen für bleibende Transzendenzerfahrungen des Menschen. Der Begriff der Spiritualität sei »ein verbaler Platzhalter für die Bezugnahme auf Transzendentes«[5], dessen Deutung jedoch amorph, unbestimmbar und unverbindlich geworden sei. Angesichts der heterogenen Verwendungsweise von Spiritualität scheint es deshalb theologisch sinnvoll, an einer inhaltlichen Bestimmung festzuhalten, die in der Frage nach dem Absoluten und Göttlichen die Basis für die Auseinandersetzung mit den verschiedenen spirituellen Suchbewegungen in der Gegenwart sieht.[6] Um über katholische Spiritualität zu sprechen ist es m.E. darüber hinaus geboten, im Anschluss an Bernhard McGinn von einem historisch-kontextuellen Begriff von Spiritualität auszugehen: »Christliche Spiritualität ist der gelebte christliche Glaube in seinen allgemeingültigen wie in seinen eigenständigen Formen«[7]. Im Folgenden gehe ich somit davon aus, dass es nicht *die* katholische Spiritualität gibt, sondern immer nur geschichtlich-kulturell bedingte, durch Bindungen an eine bestimmte Epoche oder eine bestimmte Persönlichkeit verwirklichte Formen, dem christlichen Glauben Ausdruck zu verleihen. Kennzeichen einer christlichen und katholischen Spiritualität sind häufig die Prägung durch bestimmte Gründerfiguren, genuine Begrifflichkeiten, eine bestimmte Pädagogik (Mystagogie) sowie eine »dahinterliegende spezifische theologische, manchmal auch anthropologische und philosophische Vision«.[8]

Allerdings ist auch der Begriff des Katholischen nicht unproblematisch: ›Katholisch‹ ist seit dem 16. Jahrhundert immer mehr zu einem Konfessionsbegriff geworden, der in Abgrenzung gegenüber den Kirchen der Reformation gebraucht wird. Dieser Begriff wird in der katholischen Apologetik in einem rein quantitativen Sinn als ein empirisch-fassbares und nachweisbares Element verstanden, mit dem die wahre Kirche Christi mit der römisch-katholischen Kirche identifiziert werden kann.[9]

5 Vgl. Michael Ebertz, »Spiritualität« im Christentum und darüber hinaus. Soziologische Vermutungen zur Hochkonjunktur eines Begriffs, in: ZfR 13 (2005), 193–208, hier 196.

6 Vgl. Michael Eckert, »Die schwarze Sonne der Sprache« (M. de Certeau). Negative Theologie, Spiritualität, Ästhetik, in: Christian Bauer/Marco Sorace (Hrsg.), Gott anderswo? Theologie im Gespräch mit Michel de Certeau, Ostfildern 2019, 133–146, hier 133.

7 Bernard McGinn (Hrsg.), Geschichte der christlichen Spiritualität Bd. 1, Würzburg 1993, 21.

8 Stefan Kiechle, Kreuzesnachfolge. Eine theologisch-anthropologische Studie zur ignatianischen Spiritualität, SSSTh Bd.17, Würzburg 1996, 4.

Darüber hinaus ist innerhalb des verstärkten Schubladen-Denkens in der katholischen Kirche – vor allem seit der durch den Missbrauchsskandal ausgelösten Vertrauenskrise – dieser Terminus auch innerkatholisch zum Abgrenzungs- und Kampfbegriff geworden. Verschiedene Lager sprechen sich gegenseitig die Katholizität zu und vor allen Dingen ab: »Sie sind nicht mehr katholisch«. Das Wort *kat'holon* bezeichnet jedoch in der griechischen Sprache die Aspekte der Ganzheit, der Vollständigkeit und Fülle. Hans Urs von Balthasar hält fest: »›Katholisch‹ ist eine Qualität. Es ist Allheit, Universalität, und setzt, um verstanden zu werden, eine bestimmte menschliche Geisteshaltung voraus.«[10] Der Begriff des Katholischen, wie er bereits in den frühen Schriften nach dem Neuen Testament als Attribut für die Kirche verwandt wird, drückt die biblische und urchristliche Überzeugung aus, dass in Jesus Christus die Fülle *(pleroma)* des Heils offenbart ist und das eine universale Gottesvolk aus Juden und Heiden gestiftet sei. Damit verbunden ist allerdings immer auch ein konkretes, quantitativ-abgrenzendes Element. Die Fülle der Liebe, die der biblische Gott der Welt mitteilt, hat im Volk Israel und in der Kirche einen konkreten Adressaten. Balthasar hebt in Anspielung auf die aristotelische Terminologie von Form und Gestalt hervor, dass sich die qualitativ verstandene Fülle der Liebe Gottes – die Form – eine konkret-geschichtliche Gestalt erwirkt: »Die Form, die die Kirche gestaltet, bleibt göttliches Mysterium, das zuletzt nur geglaubt werden kann: Gott in einem Menschen Jesus Christus so gegenwärtig, dass dieser real und wirksam die ganze Menschheit repräsentiert.«[11] Folgt man dieser Bestimmung, dann gehört zum Verständnis des Katholischen, dass das Qualitativ-Umfassende des Göttlichen und seiner Liebe im konkret-partikularen Element eine *Repräsentanz* findet. Die universale Fülle wird in der konkret-geschichtlichen Gestalt symbolisch bzw. ›sakramental‹ ausgedrückt bzw. repräsentiert. Umgekehrt ist das Moment des Bestimmten und Partikularen transparent für das Universale und kann als dessen Darstellung gelesen werden. Damit stellt sich jedoch die Frage, wie eine solche Repräsentanz genauer zu verstehen ist und welche Schlussfolgerungen sich daraus für die Annäherung an eine katholische Spiritualität ergeben. Wie genau ist das Verhältnis des Umfassend-Göttlichen zum Konkret-Partikularen zu bestimmen? Ist mit dem Begriff der Repräsentanz und einer entsprechenden Ekklesiologie, die

9 Vgl. zum Ganzen Klaus Vechtel, Das Katholische als Herausforderung. Überlegungen zur gegenwärtigen theologischen Diskussion um die Kirche, in: ThPh 90 (2015), 60–82.

10 Hans Urs von Balthasar, Katholisch. Anmerkungen zur Situation, in: Communio 4 (1975), 385–387, hier 385; vgl. auch ders., Katholisch. Aspekte des Mysteriums, Einsiedeln ²1975, 7ff.

11 Ebd., 386.

das Göttliche sakramental darstellt, nicht doch ein ›katholischer Identitätsmarker‹ gegeben, der eine gewisse Abgrenzung gegenüber anderen christlichen Spiritualitäten impliziert?

III. Spiritualität als Stehen vor dem unbegreiflichen und verborgenen Gott

Was immer über eine katholische Spiritualität gesagt werden kann, sie wird – mit den Worten von Karl Rahner – »immer eine Spiritualität der Anbetung des unbegreiflichen Gottes«[12] sein. In einer Zeit, in der der Gottesglaube nicht mehr eine gesellschaftlich vorgegebene Selbstverständlichkeit ist, wird auch eine katholische Spiritualität sich nicht mehr in ein Nebeneinander von Frömmigkeitsstilen aufteilen (die in der Vergangenheit auch merkwürdige Blüten hervorbrachten), sondern unvermeidlich auf die letzten Gegebenheiten der christlichen Offenbarung reduziert sein müssen: »Dass Gott ist, dass man ihn anreden kann, dass seine unsagbare Unbegreiflichkeit als solche die Mitte unserer Existenz und unserer Spiritualität ist«[13]. Damit wird auch klar, dass eine katholische Spiritualität nicht primär an einzelnen Glaubensaussagen oder an neuen Dogmatisierungen interessiert ist (wie etwa im pianischen Zeitalter auf dem Gebiet der Mariologie). Vielmehr steht, wie es Rahner eingefordert hat, eine *persönliche* und *unmittelbare* Erfahrung des Christen mit der radikalen Unbegreiflichkeit Gottes im Mittelpunkt einer katholischen Spiritualität – und eine Mystagogie, die den Menschen lehrt, es auszuhalten, genau diesem Gott in seiner Unverfügbarkeit und Andersheit nahe zu sein, diesen Gott als ein Gegenüber, ein ›Du‹ anzusprechen.[14]

Der französische Jesuit, Theologe und Historiker Michel de Certeau (1925–1986) hat ein solches Verständnis des christlichen Glaubens und der Spiritualität – vielleicht in noch radikalerer Weise als Rahner – innerhalb der Sprachbedingungen der Moderne thematisiert.[15] Certeau geht aus von dem erkenntnistheoretischen Bruch in der frühen Neuzeit, in der, wie es Rahner formuliert, der »durchgehende Seins-, Wirkungs-

12 Karl Rahner, Elemente der Spiritualität in der Kirche der Zukunft, in: ders., Schriften zur Theologie Bd. XIV, Zürich u.a. 1980, 368–381, hier 370.

13 Ebd., 374.

14 Vgl. zum Ganzen auch Karl Rahner, Frömmigkeit früher und heute, in: ders., Schriften zur Theologie Bd. VII, Zürich u.a. 1966, 11–31, hier 19–24.

15 Vgl. zum Ganzen Joachim Valentin, Jenseits von Identität und Differenz. Zum theologischen Ertrag des Werkes von Michel de Certeau, in: Marian Füssel (Hrsg.), Michel de Certeau. Geschichte – Kultur – Religion, Konstanz 2007, 239–258.

und Sinnzusammenhang zwischen Gott und dem endlich Seienden und zwischen diesem untereinander«[16] verlorengeht. In der frühen Neuzeit kommt es zu einer »Krise der Repräsentation«[17], wonach das Zeichen und die bezeichnete Sache auseinandertreten. Die Transparenz der Welt auf ihren göttlichen Ursprung ist nicht mehr einfachhin erfahrbar, wodurch die überlieferte religiöse Deutung der Wirklichkeit durch Theologie und Kirche fragwürdig wird: »Die Desintegration des Zeichens scheint die große Affäre der Moderne zu sein. Sie trifft mit voller Wucht sämtliche christliche Vorstellungen.«[18] Diese Veränderung wird als unhintergehbarer *Bruch* verstanden, auf den die Mystik bzw. die Spiritualität, wie Certeau im Blick auf Teresa von Avila und Johannes vom Kreuz zeigt, reagiert. Diese Reaktion vollzieht sich jedoch nicht im Sinn einer Apologetik, sondern in einer Suchbewegung, die den Bruch zwischen Zeichen und Bezeichnetem als Ausgangspunkt eines neuen möglichen Sprechens von Gott annimmt:[19] »Der *Bruch* ist eine Konstante der Spiritualität«[20]. Die Spiritualität bzw. Mystik vernimmt eine Leere seitens der religiösen Tradition, der religiösen Lehre und des Handelns, die jedoch zum »Ort der Gottesbegegnung werden können«[21]. So steht am Anfang des Christentums die Erfahrung einer Leere, der Verlust eines Körpers – des gekreuzigten und als auferstanden geglaubten Jesus. Die Frauen kommen am ersten Tag der Woche zum Grab, um zu sehen, wo Jesus liegen sollte, und entdecken das ›leere‹ Grab. Hiob deckt im Dialog mit seinen Freunden »eine Blöße, die ›Nichtigkeit‹ einer Tradition auf«[22]. Aus der Solidarität, der Zugehörigkeit zur eigenen religiösen Tradition, resultiert eine »Einsamkeit des Christen«[23]. Die Spiritualität wird zum Ort, um die Erfahrung von Mangel und Verlust zu thematisieren. Der Sinn dieses Bruchs liegt in »einer diesem Bruch selbst innewohnenden Überschreitung«[24],

16 Karl Rahner, Art. Repräsentation, in: ders., Sämtliche Werke Bd.17/1, Freiburg 2002, 389.

17 Vgl. auch Peter Scherle, Werte liefern, das können auch andere, in: Frankfurter Allgemeine Zeitung vom 12.11.2018.

18 Michel de Certeau, GlaubensSchwachheit, Stuttgart 2009, 160.

19 »Mystik ist also das Unterfangen, die Verdunkelung der Welt, die nicht nur erkenntnistheoretisch, sondern auch sozial-politisch erfahren wird, als Ausgangspunkt für die Suche nach neuer Gottesrede zu nehmen«; Daniel Bogner, Diskurs ohne Prestige. Die Mystik als sozialer und theologischer modus loquendi, in: Füssel (Hrsg.), Michel de Certeau, 291–315, hier 308.

20 Certeau, GlaubensSchwachheit, 51.

21 Ebd., 52; vgl. dazu auch Bogner, Diskurs, 294–296.

22 Certeau, GlaubensSchwachheit, 52.

23 Ebd., 53.

24 Ebd., 55.

die einen Weg, eine Sehnsucht auslöst, permanent aufzubrechen, um das zu finden, was die Leere auslöst. Für die Wüstenväter kann keine Einsamkeit die Treue zum Geist Gottes garantieren; für die Spirituellen des 16. Jahrhunderts lässt sich keine *visio* mit dem Willen Gottes identifizieren; keine angezielte Rückkehr zum Evangelium ist Garantie für ein angemessenes Sprechen von Gott.[25]

Mit der Anerkennung des Bruchs tritt an die Stelle einer unhinterfragten Präsenz Gottes die Erfahrung der Verborgenheit Gottes, der erfahrbar ist im Modus einer *»praesens absentia«*[26]. Die Struktur dieser mystischen Spiritualität beschreibt Certeau mit der Heidegger'schen Formel ›nicht ohne‹[27], durch die Heidegger versucht, die Beziehung zu definieren, in der wir zum Sein stehen. Heidegger kennzeichnet diese Beziehung nach Certeau durch die Tatsache, »dass man *ohne* sie nicht *sprechen* kann«[28]. Die Kategorie des ›nicht ohne‹ formuliert die christliche Erfahrung des Bezugs zu dem Anderen, dem sie begründenden ›Ursprung‹ bzw. zum geschichtlichen Ereignis der Offenbarung Gottes. Die spirituelle Existenz von Christen ist ›nicht ohne‹ eine »gegenwärtige Abwesenheit«[29] Gottes verstehbar. Die unterschiedlichen Suchbewegungen in der Geschichte der Spiritualität sind christlich zu verstehen als Ausfaltungen des Ursprungs – des Offenbarungsereignisses – in die differenzierten Glaubensantworten, die dieser Ursprung möglich macht. Der Ursprung faltet sich aus, indem er in die verschiedenen Such- und Antwortbewegungen hinein verschwindet: »Der Bezug zum Ursprung ist ein Abwesenheitsprozess«[30], der jedoch ›nicht ohne‹ diesen Ursprung möglich wäre:

> *»Nicht ohne* – was will das sagen? Wenn ich das auf meine Weise aufgreife, vermag diese Kategorie – so denke ich – eines der tiefsten Geheimnisse, die uns das Evangelium vermittelt, nahe zu bringen: Gott kann *nicht ohne* uns leben. Das besagt auch, dass Jesus als historischer Mensch weder leben noch sprechen kann ohne jene, die ihm schon folgen und die ihn noch nicht

25 Vgl. ebd., 55–56.

26 Eckert, Sonne, 139.

27 Certeau, GlaubensSchwachheit, 177; vgl. dazu auch Joachim Valentin, »Nicht ohne Dich«. Mystische Sprache bei Michel de Certeau, in: Bauer/Sorace (Hrsg.), Gott anderswo?, 85–97.

28 Michel de Certeau, Der Fremde oder Einheit in Verschiedenheit, Stuttgart 2019, 33.

29 Eckert, Sonne, 140.

30 Certeau, GlaubensSchwachheit, 177.

kennen. Das besagt auch, dass jede und jeder von uns *nicht* leben kann, *ohne* das, was wir nicht kennen, ohne ein Jenseits von uns.«[31]

Eine katholische Spiritualität würde gegenüber den unterschiedlichen gegenwärtigen spirituellen Suchbewegungen, den Phänomenen spiritueller Wanderschaft, die in Gefahr stehen, unverbindlich und unbestimmbar zu sein, das ›nicht ohne‹ des Absoluten geltend machen, das diesen Suchbewegungen zugrunde liegt. Certeaus Gedanken machen von einer negativen Theologie statt von einer klassischen Onto-Theologie her das Suchen spiritueller Wanderer auf ihre zugrundeliegende Ermöglichung und Bestimmung transparent.[32]

In der Krise der Repräsentation, in der die Transparenz der Welt auf ihren göttlichen Ursprung nicht mehr vernehmbar ist, liegt die Aufgabe einer katholischen Spiritualität darin, eine Sprache zu suchen und zu finden, die dem in Anspruch genommenen Ursprung korrespondiert. Das heißt: eine Sprache zu finden, die dem Stil Jesu entspricht, der von sich sagt: »Ich bin nichts ohne meinen Vater, ich bin nichts ohne euch, Brüder und Schwestern, oder ohne eine Zukunft, die ich nicht kenne«[33]. Die Sprache der Spiritualität würde einen »Resonanzkörper für den – abwesenden – Ursprung«[34] bilden. Darin läge ein »gewandeltes Verständnis von Repräsentation«[35], das Certeau im Blick auf das Christentum, auf Christen, so bestimmt: *»Zeichen dessen zu sein, was ihm oder ihr fehlt,* wo immer die Frage nach dem Glauben oder nach Gott laut wird.«[36]

Es ließe sich fragen, ob Certeau nicht dahin tendiert, eine reine Theologie der Abwesenheit Gottes zu entwerfen. Bringt er neben der denk- und kulturgeschichtlichen *Vorgegebenheit*, in der Theologie und Spiritualität in ihrem Vollzug situiert sind, die *theologische Gegebenheit*, Gottes gnadenhafte und unverbrüchliche Selbstmitteilung an die Welt, genügend zur Geltung? Wäre es nicht Aufgabe einer katholischen Spiritualität, die Frage nach dem Glauben und nach Gott hörbar werden zu lassen und darin seine Präsenz geltend zu machen, so dass nicht nur von einer gegenwärtigen Abwesenheit *(praesens absentia)*, sondern auch von einer *›absens praesentia‹* – einer abwesenden *Gegenwart* Gottes – zu sprechen wäre? Der Verdienst von Certeau liegt darin, dass er die katholische

31 Certeau, Der Fremde, 33.

32 Vgl. Eckert, Sonne, 140–141.

33 Certeau, Der Fremde, 33.

34 Bogner, Diskurs, 315.

35 Ebd.

36 Certeau, GlaubensSchwachheit, 180.

Spiritualität lehren kann, den Repräsentationsgedanken und das Verständnis von Sakramentalität so zu fassen, dass sie nicht eine den eschatologischen Vorbehalt aufhebende Dichte der Gottespräsenz für sich reklamiert. Gottes Präsenz – und dem nachfolgend Repräsentation und Sakramentalität – wäre von daher so zu bestimmen, dass Gott in seinem Wort und schließlich im fleischgewordenen Logos *als* Mensch inmitten (!) – und nicht einfachhin in – dieser Welt und in seinem Volk Wohnung nimmt.[37]

IV. Gemeinschaftlich-kirchliche Spiritualität

Eine katholische Spiritualität wird betonen, dass in ihrem Zentrum nicht mehr eine durch allgemein-christliche Homogenität abgestützte Lebensform steht, sondern die unmittelbare und auch einsame Erfahrung des einzelnen Menschen mit der Unbegreiflichkeit und Verborgenheit Gottes. In einer seltsamen Spannung dazu steht, dass eine katholische *Spiritualität* eine solche der Gemeinschaft ist, in der die tragende Erfahrung des Geistes Gottes gemacht werden kann. Insbesondere in den letzten Jahren entwickelt sich eine Spiritualität, die in den Phänomenen gemeinsamer Kommunikation nicht nur gruppendynamische Vorgänge erkennt, sondern diese als umgriffen und ermöglicht durch eine gemeinsame Erfahrung des Geistes versteht: Die Weiterentwicklung und Vertiefung einer solchen Spiritualität ist im Blick auf die umfassenden Veränderungsprozesse in der katholischen Kirche dringend notwendig.

Es scheint eine Selbstverständlichkeit zu sein, dass eine katholische Spiritualität mit dem Etikett der ›Kirchlichkeit‹ und damit auch mit dem Anstrich des Institutionellen und Amtlichen versehen wird. Sicher ist jedoch, dass eine katholische Spiritualität das Element der Kirchlichkeit zukünftig anders zu verstehen hat, als es in vergangenen Zeiten bisweilen der Fall war. Bereits vor einigen Jahrzehnten hat Rahner darauf aufmerksam gemacht, dass die Kirche im Rahmen einer katholischen Spiritualität wohl kaum als *»signum elevatum in nationibus«* im Sinn des 1. Vatikanums erfahren und geglaubt wird, sondern vielmehr als die sündige Kirche – als Kirche, die unter inneren und äußeren Bedrängnissen tastend den Weg in die Zukunft sucht, als Kirche, die von Spannungen, reaktionären Verhärtungen, Doktrinalismus und Zerwürfnissen geprägt ist, »zu denen eine eigene Spiritualität, so sie ursprünglich und echt ist, kein positives Verhältnis haben kann«[38]. Für Rahner ist klar, dass von einer *sündigen* Kirche gesprochen werden muss, soweit die Sünder – gerade auch in amtlichen

37 Ich verdanke diese Hinweise dem Gespräch mit Peter Scherle.

38 Rahner, Elemente, 380; vgl. zum Ganzen ebd., 374–381.

Funktionen – Teil des sakramentalen Zeichens Kirche sind. Der Zeichen- und Werkzeugcharakter als Sakrament der Einheit zwischen Gott und den Menschen wird durch die Sünde in der Kirche verdunkelt und behindert – jedoch so, dass sich in der sündigen Kirche letztlich nur der prinzipiell bereits entmachtete Widerspruch des Menschen gegen ihre geistgewirkte, wesensmäßige Heiligkeit zeigt.[39] Aber man kann fragen: Reicht eine solche Bestimmung des sakramentalen Wesens der Kirche aus, um die von Rahner geforderte ›zweite Naivität‹, eine Spiritualität des Mittragens und Ausleidens der Armseligkeit der Kirche zu begründen? Wie kann die Zeichenhaftigkeit und Sakramentalität der Kirche in einer katholischen Spiritualität verstanden werden?

Zunächst lässt sich vom klassischen sakramentalen Kirchenbild her sagen, dass das 2. Vatikanum gegenüber einer sich abgrenzenden, in sich stehenden ›Ekklesiologie der Substanz‹, eine ›relationale Ekklesiologie‹ vertritt.[40] Als Volk Gottes existiert die Kirche nur in und aus Beziehungen: sei es der Ortskirchen untereinander, sei es zu den anderen Kirchen, zum alttestamentlichen Gottesvolk, zu den anderen Religionen und zu allen Menschen (LG 13–16). Erst *in* diesen Beziehungen wird die Kirche als kollektives Glaubenssubjekt konstituiert. Die katholische Kirche ist somit nicht autarke und exklusive Repräsentation des Heils oder Verwirklichung von Kirche-Sein, sondern ein – integrales – Moment in diesem Beziehungsgefüge. Weil die Beziehung zum Reich Gottes als konstitutiv für die Kirche gesehen werden muss, so dass sie erst dort ihre vollendete Identität als universale und katholische Kirche findet (was mit der Selbstaufhebung ihrer institutionell-empirischen Gestalt einhergeht), wird jede innergeschichtliche Gestalt von Kirche notwendig relativ und offen für andere Wege, das Reich Gottes zu erreichen.

In der Diktion von Michel de Certeau lässt sich festhalten: »Die christliche Sprache hat eine *kommunitäre Struktur* und kann nur eine solche haben«:[41] Jede Form von Bezeugung des Offenbarungs- und Heilsgeschehens, jede zeichenhafte Darstellung, jede unterschiedliche christliche Rolle, jedes kirchliche Amt sagt eine Wahrheit aus, die nicht »auf Einzigkeit reduziert werden kann«[42], sondern eine zulassende Funktion hat und somit wiederum andere Darstellungen des Christlichen und seiner Wahrheit ermöglicht. Certeau hält fest:

39 Vgl. Karl Rahner, Kirche der Sünder, in: ders., Sämtliche Werke Bd.10, Freiburg 2003, 82–95.

40 Vgl. zum Ganzen Medard Kehl, Die Kirche. Eine katholische Ekklesiologie, Würzburg 1992, 63–131, hier 93–95.

41 Certeau, GlaubensSchwachheit, 178.

42 Ebd.

> »Jede Form von Autorität in der christlichen Gesellschaft ist gekennzeichnet von der Abwesenheit dessen, was sie begründet. Ob es sich um die Schrift, die Traditionen, das Konzil, den Papst oder sonst jemanden handelt – was sie *zulässt*, das *fehlt* ihr. Jede Autorität *manifestiert* das, was sie *nicht ist*. Daher ist es unmöglich, dass eine von ihnen das Ganze, die ›Mitte‹ oder die Einzige ist. Allein eine unhintergehbare *Pluralität* von Autoritäten kann die Beziehung anzeigen, die jede mit dem unterhält, was sie als ›christliche‹ postuliert. [...] Ihre notwendige Beziehung zu anderen schafft die Beziehung zu dem Anderen, der sie autorisiert.«[43]

An dieser Stelle wird wieder ein gewandeltes Verständnis von ›Repräsentation‹ greifbar: Dieses ist nicht auf Sichtbarkeit bzw. auf Präsenz ausgerichtet, wie es seit dem Frühmittelalter auf dem Weg zu den Konfessionskirchen der Fall ist (sei es in der Schrift, sei es im eucharistischen Leib Christi in der Kirche).[44] Die Kirche vollzieht ihren Charakter nur in der Offenheit für den anderen, in der akzeptierten Differenz, die weiterführende Realisations- und Verifikationsformen des Christlichen zulässt. Darin wird die Beziehung zu *dem Anderen* realisiert, auf den die Kirche verweist. Gerade der Certeau-Leser Jorge Bergoglio – Papst Franziskus – unterstreicht auf seine Art den Gedanken, dass die Kirche ihr darstellendes Wesen nur im Aufbrechen, in der Bewegung an die Ränder vollzieht.

Angesichts der Tatsache, dass das Sakrament nicht mehr als Garant für die Beziehung zwischen dem Sagen und dem Tun erfahren wird (wo es wirkt, was es bezeichnet), spricht Certeau in durchaus kritischer Absicht von einer *»Verlagerung der Sakramentalität«*[45] ins gesellschaftlich-praktische Engagement, in eine liturgische Ästhetisierung oder eine charismatische Emotionalisierung des Glaubens. Gegenüber diesen Entwicklungen kann eine katholische Spiritualität von Certeau lernen, dass der Glaube »Erfahrung von Zerbrechlichkeit [ist], Mittel, der Gast eines anderen zu werden, der beunruhigt und leben macht«.[46] Glaube vollzieht sich im allergewöhnlichsten Gebet, dem jede gesellschaftliche Macht – ich füge hinzu: kirchliche Macht – genommen ist:

43 Ebd.

44 Vgl. zum Ganzen Gregor Maria Hoff, Zeichen dessen, was fehlt. Überlegungen zu einer Ekklesiologie des Bruchs nach Michel de Certeau, in: Bauer/Sorace (Hrsg.), Gott anderswo?, 177–193. Mit dem Fehlen des Herrn ist auch die Kirche nie ganz »da«, ihr Zeichencharakter weist auf eine verborgene Gegenwart des Herrn, auf das »Nicht ohne« das Gründungsereignis hin.

45 Certeau, GlaubensSchwachheit, 247.

46 Ebd., 249.

»Kein Mensch ist Christ ganz für sich allein, für sich selbst, immer ist man es in Beziehung und Verbindung zu dem Anderen. [...] Diese Leidenschaft für den Anderen ist keine Urnatur, die es wiederzufinden gäbe, sie kommt auch nicht als zusätzliche Kraft oder wie ein Kleid zu unseren Fähigkeiten und Errungenschaften hinzu; sie ist eine Zerbrechlichkeit, die uns unserer Stärke entkleidet und in unsere notwendigen Kräfte die Schwachheit des Glaubens einschleust.«[47]

Angesichts der Tendenz in Certeaus Theologie der Abwesenheit, auch die Kirche als mystischen Leib Christi als fehlend und niemals da seiend zu bestimmen, kann eine Bestimmung katholischer Spiritualität auf Certeaus theologischen Lehrer und Mentor Henri de Lubac und seine Rekonstruktion der Rede vom mystischen Leib Christi hinweisen. Im Anschluss an den mittelalterlichen Eucharistie-Diskurs und eine dialektisch-rationalistische Bestimmung der Eucharistie versucht de Lubac, für seine Zeit ein symbolisch-sakramentales Verständnis zu ermöglichen, das sich dennoch von defensiv-apologetischen, den Katholizismus vom ›Individualismus‹ oder Relativismus der Umwelt absondernden Tendenzen unterscheidet. Gegenüber der rationalen oder auch identitären Versuchung, das Unsichtbare auf das noch-nicht-sichtbar-Gemachte zu reduzieren oder seinen Mangel an Sichtbarkeit zu kompensieren durch formalisierte Autorität und Abgrenzung, ist die Kirche wahrer Leib Christi – nicht *obwohl*, sondern *weil* sie wesenhaft unsichtbar ist. Für das pilgernde Gottesvolk ist die Kirche Mysterium, dessen Wahrheit zusammen mit dem transsubstantiierten und verklärten Leib Christi erst eschatologisch offenbar wird und dennoch in der immer wieder neu wiederholenden Vergegenwärtigung des eucharistischen Leibes anfanghaft, zeichenhaft-fragmentarisch aktualisiert wird.[48]

47 Eine solche kirchliche Spiritualität ist nicht unbestimmt und beliebig. Certeau wendet sich scharf gegen die Leugnung von Differenzen und Konflikten, gegen einen diffusen Universalismus oder auch gegen die Vorstellung von »impliziten Christen«. Der Übergang vom partikulären Zeichen zu seiner Überschreitung, zum Aufbruch ist nicht denkbar ohne einen bestimmten ekklesialen Ort, von dem aus dieser Aufbruch geschieht: »Die beiden Elemente – Ort und Aufbruch – sind relativ zueinander« Certeau, GlaubensSchwachheit, 181. In dieser Relativität vollzieht die Kirche ihre sakramentale Funktion.

48 Vgl. zum Ganzen Johannes Hoff, Mystagogische Zugänge zur Kirche als Leib Christi. Certeaus taktische Relektüre von Corpus Mysticum und das Vermächtnis Henri de Lubacs, in: Bauer/Sorace (Hrsg.), Gott anderswo?, 251–288.

V. Spiritualität des Unverfügbaren und des Verdanktseins

Eine katholische Spiritualität bezieht sich auf Jesus Christus, den Gekreuzigten und Auferstandenen, als der unwiderruflichen Selbstzusage Gottes an die Welt. Katholische Spiritualität ist Nachfolge Jesu und lässt sich nicht in eine abstrakte Moral oder Kasuistik auflösen, sondern orientiert sich an seinem konkreten Leben. Im Zentrum einer katholischen Spiritualität steht somit der Glaube, dass der unbegreifliche und verborgene Gott wirklich selbst in der Mitte unseres kreatürlichen Lebens ankommt in seinem Sohn und seinem Geist und dass dieses Ankommen der höchste Ausdruck seiner Unbegreiflichkeit und auch seiner Verborgenheit in der Knechtsgestalt des Schicksals Jesu ist. Damit steht im Zentrum einer katholischen Spiritualität die Erfahrung der *Gnade*, des unverfügbaren Beschenktseins durch Gott. Damit verbunden ist eine katholische Spiritualität der ›Weltfrömmigkeit‹, weil Gott selbst diese Welt will und in diese Welt kommt:

> »Das *vorhaltlos redlich* gelebte *weltliche* Leben ist schon ein Stück des frommen Lebens, weil Gott die Welt selbst liebt, sie selbst begnadigt und kein Konkurrent zu ihr ist, der neidisch wäre. Wer ihr wahrhaft liebend entgegengeht, dem kommt auch das Kreuz Christi und die Unbegreiflichkeit Gottes aus ihr entgegen, er braucht das gar nicht erst in sie hineinzuzaubern.«[49]

Doch wie lässt sich eine solche Weltfrömmigkeit leben und gestalten? Angesichts der Ambivalenz des Menschen und seiner Welt, angesichts von Rivalität und Zerrissenheiten wird sie eine Spiritualität der Unterscheidung der Geister, der verantwortlichen Freiheit und eines aszetischen Maßhaltens sein.[50] Es ist in diesem Zusammenhang auffällig, wieviel Interesse – auch von theologischer Seite – die Thesen des Soziologen Hartmut Rosa zum Weltverhältnis des Menschen gefunden haben, das unter dem Begriff der ›Resonanz‹ beschrieben wird. Seine zentrale These lautet: Für den Menschen der Spätmoderne ist das Weltverhältnis sowohl individuell, kulturell als auch strukturell auf eine Verfügbarmachung seiner Lebenswirklichkeit ausgerichtet. Die Folge ist, dass die Welt als ›Aggressionspunkt‹, als Serie von Objekten erscheint, die es zu erobern, nutzbar zu machen und zu beherrschen gilt. Das kulturell und institutionell als Verheißung fungierende Programm der Verfügbarmachung der Welt schlägt jedoch ins Gegenteil um. Die wirtschaftlich, technisch und politisch verfügbar gemachte Welt verschließt sich, wird bedrohlich und immer bedrohter durch unsteuerbare Risiken und erweist sich als

49 Rahner, Frömmigkeit, 25.

50 Vgl. ebd., 27–31.

verschlossen und unverfügbar. Der Grund dafür ist darin zu sehen, dass sich Subjekt und Welt nicht als unabhängige Entitäten gegenüberstehen, sondern sich erst in einer essentiellen Bezogenheit aufeinander konstituieren. Menschen sind immer schon hineingestellt in die Welt, sie sind ›zur Welt gekommen‹ so dass ihre Responsivität und Resonanzfähigkeit zur Essenz aller möglichen Weltbeziehungen wird. Resonanzerfahrungen, in denen die Welt zu uns spricht und in denen wir auf dieses Sprechen antworten können, sind jedoch durch *Unverfügbarkeit* ausgezeichnet: Sie sind weder machbar noch steuerbar, sondern ergebnisoffen.[51]

Hartmut Rosa scheint der theologischen und religiösen Ausbuchstabierung seiner Resonanztheorie nicht grundsätzlich ablehnend gegenüberzustehen. Auch wenn er festhält, dass moderne Subjekte eine ›vertikale Resonanz‹ im Sinn »eines responsorischen Verhältnisses einer umgreifenden Realität«[52] vornehmlich nicht in religiösen Kontexten suchen, kann Gott als Fluchtpunkt menschlichen Resonanzverlangens verstanden werden. Die Transzendenz, die Unbegreiflichkeit und Verborgenheit Gottes werden religiös und theologisch »als Manifestation der für Resonanz konstitutiven Unverfügbarkeit«[53] gedeutet, die im Gebet die Herstellung einer Tiefenresonanz sucht. Bei aller Zurückhaltung gegenüber einer theologischen Vereinnahmung von soziologischen Thesen lässt sich – mit einer gewissen Vorsicht – auf eine strukturelle Parallele zur christlichen Spiritualität aufmerksam machen, insofern diese (im Blick auf das Unverdiente und Bedingungslose der Zuwendung Gottes) aus der Erfahrung eines grundsätzlichen *Verdanktseins* entspringt und diese zum Ausdruck bringt. Ein spätmodernes Bewusstsein macht ›Gewissheit‹ in der Erfahrung und im Denken des neuzeitlichen Subjektes fest: »Ich denke, also bin ich« bzw. »ich spüre etwas, also ist etwas« sind Kernsätze unserer Existenz. Im Licht des christlichen Glaubens, so der evangelische Theologe Peter Scherle, kann eine Umkehrung dieser Sätze gewagt werden: »Ich bin, deshalb denke ich« bzw. »weil die Welt ist, spüre ich etwas«. Diese Sätze verweisen auf den Ursprung des Glaubens und der Spiritualität. Die Welt und ich existieren, weil sie sich dem verdanken, den der Glaube Gott nennt.[54]

51 Vgl. Hartmut Rosa, Unverfügbarkeit, Wien/Salzburg 2019, 7–47.

52 Vgl. Hartmut Rosa, Gelingendes Leben in der Beschleunigungsgesellschaft. Resonante Weltbeziehung als Schlüssel zur Überwindung der Eskalationsdynamik der Moderne, in: Tobias Kläden/Michael Schüßler (Hrsg.), Zu schnell für Gott. Theologische Kontroversen zu Beschleunigung und Resonanz, QD 286, Freiburg 2017, 18–51, hier 46.

53 Ebd., 48.

54 Vgl. Scherle, Werte liefern.

Martin Buber hat 1930 auf die Frage ›Wie kann Gemeinschaft entstehen?‹ geantwortet: »Wenn Menschen eine lebendige Mitte haben, um die sie gereiht sind, dann entsteht Gemeinschaft zwischen ihnen.«[55] Gemeinschaft entsteht nicht dadurch, dass man sie herstellt – sie ist unverfügbar –, sondern dadurch, dass sich Menschen einer lebendigen Mitte bewusst werden und sich um sie sammeln. Diese Mitte erreicht man, wenn man auf die Dimension achtet, die dem Tun und Leisten, dem Reflektieren und Herstellen vorausliegt, die grundlegender ist als diese Aktivitäten. Es handelt sich um eine Wirklichkeit, in der Über- und Unterordnung von Menschen, Rivalität und Feindschaft außer Kraft gesetzt werden können. Es handelt sich um »die Dimension des Ermöglicht- und Verdanktseins«[56]. Von daher lässt sich abschließend sagen, dass zu einer katholischen Spiritualität die Dimension des Verdanktseins bzw. der Danksagung (Eucharistie) gehört. Die Eucharistie – Jesu Mahl mit den Sündern und Jüngern – begründet inmitten von Ausgrenzung, von Feindschaft und Rivalität *Gemeinschaft*. Jesus feiert das letzte Mahl mit seinen Jüngern und Jüngerinnen im Angesicht des Todes und in der Hoffnung auf das Reich Gottes (Mk 14,25). Er bleibt in der Haltung des Dankens auch im Angesicht von Leiden und Tod, weil er vertraut, dass Gottes Macht der Liebe auch angesichts der Bosheit und Verblendung von Menschen mit ihren Möglichkeiten nicht am Ende ist. Die Feier der Eucharistie kann im Anschluss an die Erzählung von den Emmaus-Jüngern als ein differenzierter Weg mit verschiedenen Etappen gedeutet werden (Lk 24,13–35). Dieser Weg umfasst die Anerkenntnis der eigenen Situation des Lebens, seiner Zerrissenheit und Schuld; die Deutung des Lebens aus dem Wort Gottes heraus; das bittende Gebet und die dankbare Rückwendung an Gott für seine in Christus geschenkte Gegenwart. Ein solches Verständnis der Eucharistie macht Gott nicht wieder im Zeichen fest, weil zum Weg der Eucharistie der *Aufbruch* gehört, der die Sendung zu den Menschen umfasst. In diesem Weg schenkt sich der Gott Jesu Christi den Menschen und wird die Erfahrung von Gemeinschaft sowie die Erfahrung des Verdanktseins ermöglicht und zum Ausdruck gebracht.

55 Martin Buber, Wie kann Gemeinschaft werden? in: ders., Der Jude und sein Judentum, Köln 1963, 363, zitiert nach: Erhard Kunz, Eucharistie – Ursprung von Kommunikation und Gemeinschaft, in: ThPh 58 (1983), 321–345, hier 327.

56 Kunz, Eucharistie, 327.

3. Evangelische Spiritualität

Peter Zimmerling

I. Zum Begriff der Spiritualität

Der Siegeszug des Begriffs ›Spiritualität‹ im Protestantismus begann mit der 5. Vollversammlung des Ökumenischen Rates der Kirchen in Nairobi 1975. Im Schlusskommuniqué hieß es: »Wir sehnen uns nach einer neuen Spiritualität, die unser Planen, Denken und Handeln durchdringt.«[1] Damit war der Boden bereitet für die Verbindung des bis dahin in der ökumenischen Bewegung vorherrschenden politischen Engagements mit dem Streben nach einer Erneuerung der Spiritualität. In Deutschland wurde der Begriff durch die Ende der 1970er Jahre erschienene EKD-Studie ›Evangelische Spiritualität‹ kirchlich anerkannt.[2] Mit ihr vollzog die evangelische Kirche einen Paradigmenwechsel: Sie erkannnte das Thema Spiritualität als einen für das Christsein in der modernen Welt wichtigen Aspekt an.

Die Verwendung des Begriffs stellte an sich schon ein ökumenisches Ereignis dar. Er wurde den evangelischen Kirchen nämlich durch die katholische Ordenstheologie Frankreichs vermittelt.[3] Vom protestantischen Begriff ›Frömmigkeit‹ unterscheidet er sich dadurch, dass er im Gegensatz zu diesem nicht bloß Frömmigkeitsübung und Lebensgestaltung meint, sondern beides mit dem *Glauben* verbindet. Von evangelischen Theologen war deshalb anfangs auf seine theologische Problematik aufmerksam gemacht worden: Dem Begriff wohne eine Tendenz zur Abschwächung der Botschaft von der Rechtfertigung allein aus Gnade inne, weil durch ihn die Praxis des Glaubens (und damit das menschliche Handeln) leicht in den Vordergrund gerate.[4]

1 Harald Krüger/Walter Müller-Römheld (Hrsg.), Bericht aus Nairobi 1975. Ergebnisse, Erlebnisse, Ereignisse. Offizieller Bericht der Fünften Vollversammlung des Ökumenischen Rates der Kirchen. 23. November bis 10. Dezember 1975 in Nairobi/Kenia, Frankfurt (Main) ²1976, 1, hier wird ›spirituality‹ noch mit ›Frömmigkeit‹ übersetzt; anders bereits ebd., 321ff., dem Bericht über den Workshop ›Spiritualität‹.

2 Evangelische Spiritualität. Überlegungen und Anstöße zu einer Neuorientierung, vorgelegt von einer Arbeitsgruppe der Evangelischen Kirche in Deutschland, hg. von der Kirchenkanzlei im Auftrag des Rates der Evangelischen Kirche in Deutschland, Gütersloh ²1980, 54.

3 Vgl. hier und im Folgenden ebd., 10–12.

4 Vgl. ebd., 11.

Dazu, dass der Begriff dennoch auch im Protestantismus Karriere machte, haben verschiedene Faktoren beigetragen. So besitzt ›Spiritualität‹ gegenüber ›Frömmigkeit‹, ›Religiosität‹ und ›Glaube‹ verschiedene Vorzüge: Der Begriff ist im Bereich der gesamten Ökumene verständlich. Glaube gibt es nur im Singular, anders Spiritualität. Schon von seiner Herkunft aus der katholischen Ordenstheologie ist klar, dass es verschiedene Spiritualitäten mit unterschiedlichen Profilen gibt: eine benediktinische, dominikanische, franziskanische, jesuitische usw. Der Begriff ermöglicht im Zeitalter des Pluralismus und Individiualismus, eine Vielzahl von Spiritualitäten auch im protestantischen Raum wahrzunehmen.[5] Außerdem bringt der Begriff das in der westlichen Theologie lange vernachlässigte Wirken des Geistes neu zu Bewusstsein.[6] Der in Spiritualität enthaltene Aspekt der Gestaltwerdung macht deutlich, dass die soziale Dimension zum Glauben untrennbar dazugehört. *Last not least* spricht für die Verwendung des Terminus Spiritualität, dass er im Gegensatz zu den traditionellen Begriffen Frömmigkeit, Religiosität und Glaube gerade für Menschen, die dem Christentum fernstehen, einen positiven Klang besitzt. Während viele in einer postchristlichen Gesellschaft meinen, mit dem althergebrachten Christentum fertig zu sein, weist der Begriff ›Spiritualität‹ auf Unbekanntes. Seine Vagheit macht neugierig und verlockt dazu, sich mit den damit bezeichneten Phänomenen näher zu beschäftigen.

Ich verstehe unter evangelischer Spiritualität – in Aufnahme von Überlegungen der oben genannten EKD-Denkschrift – den *gelebten Glauben*,[7] wobei der Begriff drei Aspekte miteinander verbindet, nämlich rechtfertigenden Glauben, Frömmigkeitsübung und Lebensgestaltung. Evangelische, d.h. vom Evangelium geprägte Spiritualität wird dabei durch den Rechtfertigungsglauben sowohl motiviert als auch begrenzt: Einerseits befreit die Erfahrung der Rechtfertigung allein aus Gnaden *(sola gratia)* dazu, den Glauben in immer neuen Formen einzuüben und in der alltäglichen Lebensgestaltung zu bewähren, andererseits bewahrt sie davor, das eigene spirituelle und ethische Streben zu überschätzen.

5 Erwin Fahlbusch u.a., Art. Spiritualität, in: Evangelisches Kirchenlexikon, hg. von ders. u.a., Bd. 4, Göttingen ^{3}1996, 402–419; Karl-Friedrich Wiggermann, Art. Spiritualität, in: TRE, Bd. 31, Berlin/New York 2000, 708–717.

6 Vgl. dazu im Einzelnen Peter Zimmerling, Charismatische Bewegungen, Göttingen 22018, 29–33.

7 Ich knüpfe hier an die Definition der EKD-Studie an: Evangelische Spiritualität, 12.

II. Die spirituelle Großwetterlage im gegenwärtigen Protestantismus: Grundzüge[8]

1. Zur gesellschaftlichen Situation

Die spirituelle Situation in den meisten mittel- und westeuropäischen Gesellschaften trägt ein Janusgesicht. Sie zeichnet sich durch eine schwer zu bestimmende Wiederkehr der Religion und gleichzeitig durch zunehmende Entkirchlichung aus. Einerseits lässt sich seit einiger Zeit eine Art Renaissance der Religion beobachten (manche sprechen sogar von einem ›Megatrend Spiritualität‹);[9] andererseits schreitet die mit der Entkirchlichung verbundene Säkularisierung ungebrochen fort, ohne dass bisher Einigkeit darüber besteht, in welchem Verhältnis beide Trends zueinander stehen. Die Wiederkehr der Spiritualität bzw. Religion zeigt sich vor allem im Bereich esoterischer, fundamentalistischer und charismatischer Bewegungen.[10] Manche Religionssoziologen meinen eine neue Form von agnostischer Spiritualität konstatieren zu können.[11] Dazu kommt neben einem verbreiteten Interesse an fernöstlichen Religionen (denen ein ›Fremdheitsbonus‹ eingeräumt wird) die Zunahme von Anhängern des Islam aufgrund von Mirgrations- und Flüchtlingsbewegungen.

Seit einigen Jahren wird Spiritualität auch in ursprünglich säkularen Feldern entdeckt: Im Gesundheitswesen spielt sie, etwa im Rahmen von ›*Spiritual care*‹, als Ressource inzwischen eine nicht zu unterschätzende Rolle. Schließlich ereignet sich seit einigen Jahren eine Dispersion des Religiösen und eine damit verbundene Sakralisierung der Alltagswelt (vor allem im Konsum- und Freizeitbereich und in der Kunst – etwa wenn Calvin Klein ein Parfum ›Eternity‹ nennt oder wenn Kunstausstellungen Kultcharakter bekommen).

In den letzten 50 Jahren hat sich ein regelrechter Markt der religiösen Möglichkeiten gebildet.[12] Mit der Rückkehr von Religion bzw. Spiritualität in die Öffentlichkeit ist den christlichen Kirchen ihr religiöses Monopol

8 Vgl. dazu im Einzelnen: Panorama der neuen Religiosität. Sinnsuche und Heilsversprechen zu Beginn des 21. Jahrhunderts, hg. von Reinhard Hempelmann u.a., Gütersloh 2005.

9 Paul Zulehner, Megatrend Religion, in: Die Stimmen der Zeit, 2003, 87–96.

10 Vgl. dazu die Gesamtdarstellung: Panorama der neuen Religiosität.

11 Monika Wohlrab-Sahr/Uta Karstein/Christine Schaumburg, »Ich würd' mir das offenlassen«. Agnostische Spiritualität als Annäherung an die ›große Transzendenz‹ eines Lebens nach dem Tode, in: Zeitschrift für Religionssoziologie 13 (2005), 153–173.

12 Thomas Großbölting, Der verlorene Himmel. Glaube in Deutschland seit 1945, Göttingen 2013, bes. 181–228.

verloren gegangen. Kirche und Religion sind nicht mehr deckungsgleich, sondern klaffen immer weiter auseinander. Die Wiederkehr der Spiritualität entwickelte sich im Wesentlichen neben den traditionellen Kirchen und Freikirchen und an ihnen vorbei (wobei ein beachtlicher Teil ihrer Mitglieder auf dem Gebiet der Spiritualität und der neuen Religiosität Erfahrungen aufzuweisen hat).[13] Hier rächt sich, dass z.B. in der evangelischen Kirche in Deutschland lange Zeit die Ansicht vorherrschte, diakonische und sozialethische Aufgaben müssten im Zentrum ihrer Aktivitäten stehen und die Pflege der Spiritualität hätte demgegenüber zurückzutreten. Eine Konsequenz war die ›Selbstsäkularisierung‹ des Protestantismus bis in die Kerngemeinden hinein.[14] Spirituell Interessierte erwarten in von großen Kirchen meist keine Antworten auf ihre Fragen.

2. Integration von neuen Spiritualitätsformen aus der kleinen und großen Ökumene

Die seit dem 2. Vatikanischen Konzil verstärkte ökumenische Zusammenarbeit vor allem zwischen der evangelischen Kirche und der römisch-katholischen Kirche hat dazu geführt, dass eine Reihe von ursprünglich in der katholischen Tradition beheimateten Spiritualitätsformen Heimatrecht im Protestantismus erhielt. Umgekehrt machte sich die katholische Kirche im Konzil zahlreiche reformatorische Grundanliegen zu eigen: z.B. die Forderung nach Verständlichkeit des Gottesdienstes, die Orientierung des kirchlichen Handelns und der persönlichen Frömmigkeit an der Bibel oder die Aufwertung der Laien. Die ökumenische Öffnung der katholischen Kirche und die wachsende Zusammenarbeit auf den unterschiedlichsten Ebenen führte in der evangelischen Kirche zur Rezeption von Formen katholischer Spiritualität. Das gilt etwa für das Pilgern, die Bedeutung des Sakralraumes, sogenannte Lichterbäume, die Krankensalbung, Exerzitien und geistliche Begleitung – um nur ein paar Beispiele zu nennen.[15] Die Belebung der evangelisch-katholischen Ökumene hatte

13 Das zeigte erstmals die EKD-Mitgliedschaftsuntersuchung von 1993, wonach 28 % der westdeutschen Kirchenmitglieder eigene Erfahrungen mit einem bunten Spektrum religiöser Praktiken und Weltanschauungsangebote gemacht hat. Bei den Befragten zwischen 18 und 39 Jahren liegt der Anteil sogar bei 34 % (Fremde Heimat Kirche. Ansichten ihrer Mitglieder, erste Ergebnisse der dritten Umfrage über Kirchenmitgliedschaft, Studien- und Planungsgruppe der EKD, Hannover 1993, 10f.).

14 Wolfgang Huber, Kirche in der Zeitenwende. Gesellschaftlicher Wandel und Erneuerung der Kirche, Gütersloh 1998, 10.

15 Vgl. im Einzelnen Peter Zimmerling (Hrsg.), Handbuch Evangelische Spiritualität, Bd. 3: Praxis, Göttingen 2020.

darüber hinaus auch eine Intensivierung der Kontakte mit den orthodoxen Kirchen und der charismatisch-pfingstlichen Bewegung zur Folge. Seitdem haben auch genuin orthodoxe und charismatische Spiritualitätsformen wie Jesus-Gebet, Ikonen sowie Lobpreis- und Anbetungslieder im evangelischen Raum viele Freunde gefunden.

Ende der 1960er Jahre setzte überdies ein breites Interesse an Meditation ein – vor allem inspiriert von entsprechenden Methoden aus dem Buddhismus und dem Hinduismus.[16] Ein zunehmender Teil der Bevölkerung empfand Unbehagen gegenüber der Leistungsgesellschaft, die als Fremdbestimmung erlebt wurde. Meditation wirkte wie ein lang ersehntes Gegenprogramm, indem sie Besinnung auf die eigene Existenz und als Folge davon das Gewinnen von Unabhängigkeit verhieß. Aufgrund permanenter Reizüberflutung durch die Medien sehnten sich Menschen nach Ruhe und Schweigen.

3. Zunehmende Bedeutung von Festtags- bzw. Weihnachtsspiritualität

Martin Luther war wohl der erste neuzeitliche Weihnachtschrist. Im Kind in der Krippe ist für ihn Gott dem Menschen unüberbietbar nahe gekommen. In ihm ist Gott anfassbar geworden. »Ach Herr, du Schöpfer aller Ding, wie bist du worden so gering, dass du da liegst auf dürrem Gras, davon ein Rind und Esel aß!«[17] Das Jesuskind ist für Luther der klarste Spiegel der väterlichen Liebe Gottes: »Unter allen geboten [Gottes ist das] hohest, das man seinen lieben Son unsern [herrn Jhesum Christum sollen fuer] uns bilden, der sol unsers hertzen [teglicher und fuernemster Spiegel] sein, darin wir sehen, wie lieb uns [Gott hat und wie er so hoch als] ein frumer Gott fur uns hat gesorget, das er auch [seinen lieben Son fuer] uns gegeben hat.«[18]

Der theologisch motivierten Konzentration von Luthers Spiritualität auf das Weihnachtsfest entspricht ein seit Jahren zu beobachtender gesamtgesellschaftlicher Trend. Die Orientierung an Weihnachten stellt heute ein herausragendes Merkmal volkskirchlicher Spiritualität dar. Matthias Morgenroth spricht in diesem Zusammenhang von »Weihnachts-Christentum« oder »Heiligabend-Religion«.[19] Kam früher dem

16 Vgl. Zimmerling, Evangelische Spiritualität. Wurzeln und Zugänge, Göttingen [2]2010, 146–155.

17 Evangelisches Gesangbuch, Lied Nr. 24, Strophe 9.

18 WA Br 6, 87, 41-45.

19 Vgl. dazu hier und im Folgenden Matthias Morgenroth, Weihnachts-Christentum.

Karfreitag als Feriertag im Protestantismus die höchste Wertschätzung zu, ist an dessen Stelle in den vergangenen beiden Jahrhunderten mehr und mehr das Weihnachtsfest getreten. Es ist für die meisten evangelischen Kirchenmitglieder als einziges Fest des Kirchenjahrs übrig geblieben.[20] In gesellschaftlicher Hinsicht zeigt sich die Bedeutung des Weihnachtsfests daran, dass eine Reihe von Wirtschaftszweigen ohne das Weihnachtsgeschäft zum Niedergang verurteilt wären. Empirische Untersuchungen belegen, dass sich das Wissen um den spirituellen Gehalt des Weihnachtsfests umgekehrt proportional zu seiner wirtschaftlichen Bedeutung verhält: Während immer weniger Menschen seinen spirituellen Grund kennen und ihn allein an Liebe und Mitmenschlichkeit festmachen,[21] boomen die im Zusammenhang mit dem Weihnachtsfest stehenden Wirtschaftszweige.

Für die in der evangelischen Kirche heute vorherrschende Spiritualität sind neben dem Weihnachtsfest auch Kasualfrömmigkeit und Kirchentage wesentliche Ausdrucksformen. Entsprechend hat sich der Rhythmus der Gottesdienstteilnahme in den vergangenen Jahren verschoben. Gerhard Rau stellte bereits 1977 die These vom ›Festtagskirchgänger‹ auf. Er machte darauf aufmerksam, dass sich die äußerst unterschiedliche Gottesdienstfrequenz sozialpsychologisch erklären lasse.[22] Es hänge vom Menschentypus ab, welche Gottesdienstfrequenz jemand für sich wählt. Der wöchentliche Kirchenbesucher gehöre zum Typus Gemeinschaftsmensch, während der Festtagskirchgänger enge Gruppenzusammengehörigkeit meide. Zeittheoretische Untersuchungen[23] deuten außerdem darauf hin, dass der Festtagskirchgänger Kirche und Religion einer anderen Ebene zuordnet als der wöchentliche Kirchgänger: »Religion in einer Beziehung zur Gesamtgesellschaft [...] und zur individuellen Person – Ja! Religion bzw. Kirche in bezug auf konkrete soziale Gruppen mit ihren Zwängen – Nein!«[24] Inzwischen ist diese Entwicklung fortgeschritten. Die Gruppe der Festtagskirchgänger hat weiter zugenommen – parallel zur Zunahme von Freizeit und Angeboten der Freizeitindustrie. Für die über-

Moderner Religiosität auf der Spur, Gütersloh [2]2003; ders., Heiligabend-Religion. Von unserer Sehnsucht nach Weihnachten, München 2003.

20 Vgl. dazu Christian Grethlein, Grundfragen der Liturgik. Ein Studienbuch zur zeitgemäßen Gottesdienstgestaltung, Gütersloh 2001, 41–43 (dort auch weiterführende Literatur).

21 Morgenroth, Weihnachts-Christentum, 27–30 (mit Belegen).

22 Vgl. dazu Gerhard Schmidtchen, Protestanten und Katholiken, Bern 1973, 300.

23 Nachweise bei Grethlein, Grundfragen, 42.

24 Gerhard Rau, Rehabilitation des Festtagskirchgängers, in: Manfred Seitz/Lutz Mohaupt (Hrsg.), Gottesdienst und öffentliche Meinung. Kommentare und Untersuchungen zur Gottesdienstumfrage der VELKD, Stuttgart 1977, 92.

wiegende Mehrheit der Kirchenmitglieder ist der Jahresrhythmus anstelle des Wochenrhythmus getreten. Dem entspricht der Befund, dass Heilig-Abend-Kirchgänger sich bei Kirchgangsbefragungen als ›regelmäßige Kirchgänger‹ einstufen.

Trotz Würdigung des Phänomens der Festtagsspiritualität sollte man – allein aus pragmatischen Gründen – aus der Not keine Tugend machen. Denn ohne eine Gruppe regelmäßiger Gottesdienstbesucher sind die meisten Gemeindeangebote (geschweige denn ein planmäßiger Gemeindeaufbau) gar nicht möglich. Auch das Neue Testament geht in seinem Glaubensverständnis nicht von einer Festtagsspiritualität aus.

4. Kirchenmusik als spirituelles Breitenphänomen

»Fragt man mich nach einem fünften Evangelium, so nenne ich ohne Zögern die Dolmetschung der Erlösungsgeschichte, die ihren Höhepunkt in Johann Sebastian Bach erreicht hat. Ich hatte früher schon die Matthäus-Passion und die h-Moll-Messe studiert, als ich sie zum ersten Mal würdig aufführen hörte in der Thomas-Kirche in Leipzig, erhielt ich einen tieferen Einblick in das Mysterium des Leidens und der Fleischwerdung Christi als je zuvor.«[25] Die Erfahrung, die der schwedische Erzbischof Nathan Söderblom hier beschreibt, liegt schon 100 Jahre zurück. Doch scheint es vielen Menschen heute nicht anders zu gehen. Die zahlreichen gut besuchten Kirchenkonzerte (gerade in der Advents- und Weihnachtszeit!) belegen es. Es gibt viele – keineswegs nur Gemeindeglieder –, denen in dieser Jahreszeit ohne die Aufführung des Weihnachtsoratoriums etwas Entscheidendes fehlen würde.

Das war nicht immer so. Johann Sebastian Bach, heute der anerkanntermaßen größte Kirchenmusiker aller Zeiten, trat nach seinem Tod schnell in den Hintergrund. Erst Felix Mendelssohn-Bartholdy befreite ihn mit der Wiederaufführung der Matthäus-Passion in Berlin im Jahre 1829 – also fast genau 80 Jahre nach seinem Tod – aus dieser Vergessenheit. Damals begann der unaufhaltsame Siegeszug Bachs, ja der Kirchenmusik überhaupt, in der modernen Musikgeschichte.

Die Wiederentdeckung Bachs stellte zunächst kein kirchliches, sondern ein gesellschaftliches und künstlerisch-ästhetisches Ereignis dar. Das zeigt sich daran, dass zu der 1850 gegründeten Bach-Gesellschaft, die sich die Aufgabe gestellt hatte, sämtliche Werke Bachs neu herauszugeben, kein namhafter Theologe gehörte. Die theologische

25 Rolf Schweizer, Bach und (k)ein Ende? Kirchenmusik zwischen Kontemplation und spaßigem ›Event‹, in: Deutsches Pfarrerblatt 100 (2000), 348–350.

Bach-Interpretation hat erst spät eingesetzt und ist nicht unumstritten geblieben. Es gibt einen rein ästhetischen Zugang zur Kirchenmusik – unter Absehung ihres theologischen Hintergrunds. Für viele Menschen stellt die geistliche Musik eine Art Religionsersatz dar – allerdings gegen die ausdrückliche Intention ihrer Komponisten. Das kirchenmusikalische Dreigestirn Schütz, Händel und Bach verstand sich als Verkündiger des Evangeliums. Das wird bei Bach äußerlich schon daran erkennbar, dass er seine Kompositionen am Schluss mit den Worten »Gott allein die Ehre« bezeichnete.[26] Die Musik selbst, auch die Instrumentalmusik, ist für ihn Sprache des Glaubens, was sich am Einsatz der Instrumente und an der Auswahl der Tonarten zeigt. Gott ist wie in Predigt und Abendmahl in der Kirchenmusik gegenwärtig: Kirchenmusik als Realpräsenz Gottes. Bach ist überzeugt, dass die Verehrung Gottes aus seiner Musik herausgehört werden kann.

Wie lässt sich die ungebrochene Beliebtheit der Kirchenmusik bei Christen und Nichtchristen erklären? Mehrere Ursachen sind für den anhaltenden Boom geistlicher Musik verantwortlich. Dazu gehört die weite Bandbreite der Empfindungen, die in ihr zum Ausdruck gebracht wird. In Bachs Oratorien und Passionen etwa wird das menschliche Leben in seiner ganzen Fülle, mit all seinen Höhen und Tiefen thematisiert: Geburt und Tod, Erwachsenwerden und Altern, Gesundheit und Krankheit, tiefste Trauer und höchste Freude, bitterer Hass und innigste Liebe, schreckliches Leiden und völliges Glück. Bach ist es in seiner Musik gelungen, den gesamten Kosmos zum Klingen zu bringen. Ludwig van Beethoven formulierte prägnant: »Nicht Bach, Meer sollte er heißen.«

Von Bachs Musik fühlen sich unterschiedlichste Menschen angesprochen. Auch ein säkularer Zeitgenosse wird von Bachs Botschaft berührt, dass es Hoffnung auf Erlösung aus den Leiden dieses Lebens gibt. Dies lässt ihn ahnen, dass jenseits der Kerkermauern des eigenen Ichs noch eine andere Welt existiert. Zahlreiche Menschen verdanken Bachs Musik wesentliche Impulse für ihren Glauben. Den Glaubenserfahrungen von Christen verleiht Bach in seiner geistlichen Vokalmusik Ausdruck und Stimme. Die Genialität seiner Kompositionskunst besteht darin, dass die Musik mit den gesungenen Worten korrespondiert und so in ihrem Inhalt verstärkt wird. Dadurch werden Tiefenschichten im Menschen angesprochen, die durch das Wort allein nur schwer erreicht werden können. Die häufig wiederholte Botschaft der Arien vermitteln der stressgeplagten Seele eine unvergleichliche Ruhe und Gewissheit. Besonders berührt in Bachs Kirchenmusik die Verbindung von Leben und Glauben,

26 Johan Bouman, Musik zur Ehre Gottes. Die Musik als Gabe Gottes und Verkündigung des Evangeliums bei Johann Sebastian Bach, Gießen 2000, 24ff.

von Alltag und Frömmigkeit. Diese Musik ist so tief und reich, dass man stets Neues darin entdecken kann. Immer wieder eröffnen sich andere Dimensionen.

5. Sehnsucht nach vertiefter Spiritualität: Mystik und Charismatik

Parallel zu Selbstsäkularisierung und einer weit verbreiteten, relativ stabilen Festtagsspiritualität gibt es in den evangelischen Kirchen auch eine Sehnsucht nach Formen vertiefter Spiritualität.[27] Seit einigen Jahren lässt sich ein starkes Interesse an der Mystik beobachten.[28] Im vergangenen Jahrhundert war durch die dialektische Theologie Karl Barths der Eindruck entstanden, die evangelische Frömmigkeit sei mystikfrei. Im Gegensatz dazu bin ich überzeugt: In jedem Menschen steckt eine ›mystische Empfindlichkeit‹ (Dorothee Sölle).[29] Alle Menschen haben die Anlage zur Mystik, jeder besitzt ein ›mystisches Existenzial‹. Dies gilt erst recht, wenn man von einem weiten Mystikbegriff ausgeht, der mehrere Aspekte verbindet: den Weg zur Gotteserfahrung (›Mystagogik‹), die Gotteserfahrung selbst (verstanden als eine Erfahrung, die den Menschen in der Mitte seiner Existenz erfasst) und die Reflexion bzw. die Konsequenzen dieser Erfahrung. Die mystische Anlage des Menschen ist schöpfungsbedingt. Weil die Natur Gottes Schöpfung ist und der Mensch sein Geschöpf, erfüllt ihn eine Ahnung, dass die unsichtbare Welt des Himmels ihn umgibt und dass der Mensch den Menschen unendlich übersteigt. Der Apostel Paulus hat diese Ahnung des Menschen in seiner berühmten Areopag-Rede in Athen in klassischer Weise zum Ausdruck gebracht: »Fürwahr, er [Gott] ist nicht fern von einem jeden unter uns. Denn in ihm leben, weben und sind wir; wie auch einige Dichter bei euch gesagt haben: Wir sind seines Geschlechts.« (Apg 17,27 f.)

Im evangelischen Gottesdienst, vor allem demjenigen lutherischer Prägung, gab es von Anfang an Elemente, die eine mystische Dimension besaßen. Dazu gehörten vor allem die Choräle und das Abendmahl. Weil der in der Volkssprache gefeierte Gottesdienst allen verständlich war, stand jedem der Zugang zu mystischer Spiritualität offen. Eine Vielzahl gerade der beliebtesten Lieder des Evangelischen Gesangbuchs besitzt

27 Vgl. dazu EKD (Hrsg.), Engagement und Indifferenz. Kirchenmitgliedschaft und soziale Praxis, V. EKD-Erhebung über Kirchenmitgliedschaft, Hannover 2014, bes. 86–92.

28 Vgl. hierzu im Folgenden Peter Zimmerling, Evangelische Mystik, Göttingen [2]2020.

29 Dorothee Sölle, Mystik und Widerstand. ›Du stilles Geschrei‹, Hamburg [3]1997, 13.

eine mystische Dimension. Um einige Klassiker zu nennen: ›Vom Himmel hoch da komm ich her‹, ›Wie schön leuchtet der Morgenstern‹, ›Ich steh an deiner Krippen hier‹, ›Gott ist gegenwärtig‹, ›Jesu geh voran‹, ›Von guten Mächten wunderbar geborgen‹. Die meisten der evangelischen Mystiker waren gleichzeitig Liederdichter. Das gilt von Martin Luther über Philipp Nicolai, Paul Gerhardt, Gerhard Teerstegen, Nikolaus Ludwig Graf von Zinzendorf bis hin zu Dietrich Bonhoeffer. Die Gesangbuchlieder durchziehen den Gottesdienst wie ein roter Faden. Die Mystik sang sich dadurch regelrecht in die Herzen der Gottesdienstteilnehmer hinein. Da die Choräle auch die private Frömmigkeit bestimmten, war mit ihnen ein weiterer entscheidender Ansatzpunkt zur Demokratisierung evangelischer Mystik gegeben.

Martin Luther hat im Protestantismus auch die Grundlage für ein mystisches Verständnis des Abendmahls gelegt. Er knüpft dabei an Aussagen Johann Taulers (und über diesen vermittelt Meister Eckharts) an. Ausgehend von der Vorstellung, dass die Seele als Braut durch den Glauben mit ihrem Bräutigam Christus vereint wird, vollzieht sich im Abendmahl die Vereinigung mit Christus und dadurch eine geistliche Verwandlung der Kommunizierenden. Durch die Initiative Christi kommt es – aufgrund seiner Liebe zum Menschen – zu einer innigen Verbindung mit ihm: Christus und der Gläubige werden »ein Kuchen, ein Brot, ein Leib, ein Trank, und alles gemeinsam«.[30] Die Erfahrung der Liebe Christi im Abendmahl bewirkt gleichzeitig die Liebe zum Nächsten. Die Folge ist die diakonische Gemeinschaft mit den übrigen Christen: »Denn wenn die Liebe nicht täglich wächst und den Menschen so verwandelt, dass er an seinem Mitmenschen Anteil nimmt, da bleibt das Sakrament für ihn ohne wirkliche Bedeutung.«[31] Luthers Bestehen auf der Realpräsenz Jesu Christi im Abendmahl entspricht mystischer Tradition. Sie ist nicht zuletzt aus seelsorgerlichen Gründen für ihn unaufgebbar, weil sie den Kommunizierenden auf sinnliche Weise – unabhängig von Einsichten, Gefühlen und Stimmungen – die Nähe Gottes erfahren lässt. Luther ist der Meinung, dass das Abendmahl nur bei häufigem Empfang seine spirituelle Kraft entfalten kann. Von daher war es ein großer Verlust im Hinblick auf die mystische Dimension evangelischer Frömmigkeit, dass das Abendmahl bis in die 1960er Jahre hinein in den Gemeinden nur selten gefeiert wurde.

Neben dem Interesse an der Mystik erfreuen sich Formen charismatischer Spiritualität nicht zuletzt unter der jüngeren Generation zunehmender Beliebtheit.[32] In den 1960er Jahren entstanden zunächst in

30 WA 2, 748, 18 (modernisiert).

31 WA 2, 748, 3–5 (modernisiert).

32 Zimmerling, Charismatische Bewegungen.

den Vereinigten Staaten innerkirchliche charismatische Bewegungen. Anders als die Pfingstbewegung an der Wende vom 19. zum 20. Jahrhundert wurde die innerkirchliche evangelisch-charismatische Bewegung, die seit 1984 ›Geistliche Gemeinde-Erneuerung‹ (GGE) heißt, auch in Deutschland nach einigem Zögern als Teil der Gesamtkirche akzeptiert.[33]

Charismatische Spiritualität ist pneumatisch ausgerichtet.[34] In dieser Prägung besteht das eigentlich Neue gegenüber der traditionellen westlichen Christenheit. Die pneumatische Orientierung konkretisiert sich in dem Wunsch nach einem bewussten und persönlichen Glaubensbezug zum Geist Gottes, für den gewöhnlich die ›Geistestaufe‹ als charismatische Ursprungserfahrung den Ausgangspunkt bildet. Dass der Geist bei der Geistestaufe aus seiner Anonymität hinter Christus herausgetreten ist, lässt den Geistgetauften auf weitere bewusste Geisterfahrungen hoffen.

Die Geistestaufe als charismatische Grunderfahrung wird in den einzelnen charismatischen Bewegungen theologisch sehr unterschiedlich interpretiert, was schon am Gebrauch der Begriffe zu erkennen ist.[35] Die charismatische Bewegung in der evangelischen Kirche hat von Anfang an sowohl die pfingstlerische Verknüpfung der Geisterfahrung mit einer scharfen Zwei-Stufen-Lehre des Christseins als auch ihre Normierung durch die Zungenrede relativiert.[36] Volkskirchliche Charismatiker sind der Überzeugung, dass der Geist nicht erst durch die Geistestaufe verliehen wird, sondern bereits vorher im Getauften anwesend ist. Die charismatische Grunderfahrung stellt als Tauferneuerung ein Bewusst- und Wirksamwerden des Geistes auf der Erfahrungsebene dar.

33 1976 beschäftigte sich die Deutsche Lutherische Bischofskonferenz mit den neuen geistlichen Aufbrüchen innerhalb der evangelischen Kirchen. Die Klausurtagung verabschiedete ein ›Wort an alle Gemeinden‹, in dem auch der charismatische Aufbruch zustimmend zur Kenntnis genommen wurde: »3. Mit Aufmerksamkeit und Hoffnung blicken wir auf die charismatische Erneuerung zahlreicher christlicher Gemeinden in der Welt. Viele Menschen hungern nach Gemeinschaft und einem neuen Geist, ohne daß sie schon einen Weg dahin sehen. Hier zeigt sich nach unserer Erkenntnis, daß der ganze Mensch mit seinem Denken, Fühlen und Handeln von Gott in Anspruch genommen ist. Nur um den Preis der Verfehlung seines Lebenssinns kann er sich diesem Anspruch entziehen. Darum bitten wir Gott, er möge das Werk der Erneuerung seiner Kirche mit ihren Gemeinden auch in den charismatischen Bewegungen und durch sie vorantreiben« (zit. nach: Wolfram Kopfermann, Charismatische Gemeinde-Erneuerung. Eine Zwischenbilanz, Hochheim ^{2}1983, 55, wo auch die gesamte Stellungnahme abgedruckt ist).

34 Belege bei Zimmerling, Charismatische Bewegungen, 165–174.

35 Vgl. im Einzelnen ebd., 56 –73; dort auch Belege.

36 Lucida Schmieder, Geisttaufe. Ein Beitrag zur neueren Glaubensgeschichte, Paderborner Theologische Studien, Bd. 13, Paderborn u.a. 1982.

Charismatische Bewegungen haben auch die Bedeutung der Charismen für die christlichen Gemeinden wiederentdeckt, einschließlich der spektakulären Gnadengaben wie Zungenrede, Heilung und Prophetie.[37] Für all diese Gruppen ist eine grundsätzliche Offenheit für die Praktizierung der im Neuen Testament genannten Charismen charakteristisch. Unterschiede werden in der Bedeutung für den Frömmigkeitsvollzug und in der theologischen Bewertung der einzelnen Gaben sichtbar. Für viele Charismatiker stand am Anfang die Erfahrung spektakulärer Charismen. In deren Gefolge hat die Bewegung jedoch die ekklesiologische Ausrichtung der Charismen bei Paulus entdeckt. Zum Basistext wurde 1. Kor 12–14, zum Ziel des Charismengebrauchs die Verwirklichung der charismatischen Gemeinde. Die Bemühungen in den 1960er Jahren um eine charismatische Erneuerung der Kirchen und Gemeinden entsprach dabei etwa zeitgleichen Entwicklungen in Theologie, Kirche und Gesellschaft, die in Richtung von mehr Partizipation wiesen.[38]

Indem das Charisma von seinem Gemeindebezug her definiert wird, kommt es in der volkskirchlichen charismatischen Bewegung zu einer weitreichenden Korrektur des Charismenverständnisses der traditionellen Pfingstbewegung. Das Charisma wird aus seiner Fixierung auf das Mirakulöse gelöst: Im Horizont der Gemeinde werden auch die nicht-spektakulären Gnadengaben wichtig. Nicht die Übernatürlichkeit, sondern die Orientierung auf den Nächsten macht eine Fähigkeit zum Charisma. Damit ist auch die pfingstlerische Normierung der Charismen zugunsten individueller Mannigfaltigkeit aufgebrochen.

III. Kriterien evangelischer Spiritualität

1. Trinitarisches Gottesverständnis

Für die Betonung des trinitarischen Gottesverständnisses sprechen angesichts des heutigen religiösen Pluralismus mehrere Gründe. Die Trinitätslehre erlaubt, die gesamte Wirklichkeit auf ein und denselben Gott zu beziehen. Die Alte Kirche hat in diesem Zusammenhang die sogenannte Appropriationslehre entwickelt. Sie appropriiert den einzelnen Personen der Trinität verschiedene Dimensionen der Wirklichkeit: Dem Vater die

37 Vgl. im Einzelnen Zimmerling, Charismatische Bewegungen, 75–122 (mit Belegen).

38 Vgl. im Hinblick auf die Theologie bes. Ernst Käsemann, Amt und Gemeinde im Neuen Testament, in: ders., Exegetische Versuche und Besinnungen, Bd. 1, Göttingen ³1964, 109–134. Im politischen Raum ist hier an die Forderungen der Studentenbewegung nach mehr politischer Partizipation zu denken.

Schöpfung, dem Sohn die Erlösung und dem Heiligen Geist die Heiligung. Wegen des altkirchlichen Grundsatzes *›opera ad extra sunt indivisa‹* hat der Mensch es trotzdem überall – in Natur, Geschichte und eigener Existenz – mit ein und demselben Gott zu tun.[39] Die trinitarische Orientierung ermöglicht evangelischer Spiritualität, alle Bereiche der Welt als Gottes Schöpfung wahrzunehmen. Auf der Basis dieser Erkenntnis wird es möglich, sämtliche Dimensionen des Menschen – Leib, Seele und Geist – in die Spiritualität zu integrieren.[40]

Ein trinitarischer Ansatz der christlichen Gotteslehre bildet auch Voraussetzung dafür, Gott als Liebe identifizieren zu können. Es ist nur schwer begründbar, wie ein einsamer Gott im Himmel ein liebender Gott sein kann. Wenn Gott aber in sich selbst bereits von Ewigkeit her liebende Gemeinschaft ist, lässt sich nachvollziehen, warum er auch in seiner Offenbarung in Jesus Christus ganz und gar Liebe und Anteilnahme ist.

Indem christliche Spiritualität von einem dezidiert gemeinschaftlichen Gottesbegriff ausgeht, könnte auch der Dialog mit dem Judentum und dem Islam befruchtet werden. Denn nur von seinem speziellen Gottesverständnis her kann das Christentum ein eigenes Profil wahren und in den Dialog einbringen.[41]

Die trinitarische Orientierung evangelischer Spiritualität ist angesichts fortschreitender Pluralisierungsprozesse in unserer Gesellschaft besonders geeignet, den christlichen Gottesgedanken denkerisch in der Postmoderne zu verantworten.[42] Da die bleibende Unterschiedenheit der göttlichen Personen im Rahmen der Trinitätslehre Voraussetzung für ihre Einheit ist, erlaubt sie, größte Verschiedenheit mit höchster Einheit zu verbinden. Überdies illustriert ein trinitarisches Gottesverständnis, dass die Andersartigkeit des anderen nicht Bedrohung, sondern Ergänzung und Bereicherung ist.

Der trinitarische Ansatz des christlichen Gottesbegriffs stellt schließlich eine wichtige Begründung für die sozialethische Dimension evangelischer Spiritualität dar. Die Trinität als Gemeinschaft sich liebender, gleichwertiger Personen ist der Zielhorizont, auf den hin gesellschaftliche Veränderungsprozesse Gestalt gewinnen sollten. Eine trinitarisch orientierte Spiritualität kann so zur Inspirationsquelle und Verpflichtung für

39 Reinhold Seeberg, Lehrbuch der Dogmengeschichte, Bd. 2, Leipzig [4]1933, 145.

40 Karlmann Beyschlag, Grundriss der Dogmengeschichte, Bd. 1: Gott und Welt, Darmstadt 1982, 274ff.

41 Vgl. dazu Jürgen Moltmann, Kein Monotheismus gleicht dem anderen. Destruktion eines untauglichen Begriffs, in: Evangelische Theologie 62 (2002), 112–122.

42 Vgl. dazu Albrecht Grözinger, Erzählen und Handeln. Studien zu einer trinitarischen Grundlegung der Praktischen Theologie, München 1989.

die Umgestaltung der kirchlichen und gesellschaftlichen Verhältnisse in Richtung auf Gleichheit und Anteilhabe aller Menschen bei gleichzeitiger Wahrung ihrer Unterschiede werden.

2. Die Bibel als Inspirationsquelle, Maßstab und Korrekturinstanz für Glaube und Leben

Der Ausgangspunkt der Reformation bestand in einem neuen Verständnis und Umgang mit der Bibel. Martin Luther verstand sie als *›viva vox evangelii‹*, als lebendige Stimme des Evangeliums, durch die Gott unmittelbar zum Menschen spricht. Von daher wird verständlich, dass reformatorische Theologie nicht primär wissenschaftlich-dogmatische oder exegetische Theologie, sondern im Kern existenzielle und erfahrungsbezogene Theologie ist. Sie will den Menschen in seiner Personmitte ansprechen.

Durch die altprotestantische Lehre von der Verbalinspiration und später in der Aufklärung durch die historisch-kritische Methode kam es zu einer Neuinterpretation des bibelorientierten Ansatzes der Reformation. Beide Male handelte es sich *de facto* um seine Infragestellung. Die altprotestantische Orthodoxie missverstand die Bibel häufig als Steinbruch für dogmatische Sätze. Aus dem lebendigen Wort, durch das Gott den Menschen anspricht, wurde das für wahr zu haltende System theologischer Wahrheiten, abgesichert durch die Lehre von der Verbalinspiration. Die spätere historisch-kritische Methode untergrub ihrerseits – teilweise ungewollt – das Vertrauen in die Bibel als Anrede Gottes an den Menschen, indem sie ausschließlich deren Charakter als literarisches Produkt der Spätantike betonte und aus wissenschaftlichen Gründen ihren Anspruch als Urkunde des Redens Gottes zum Menschen bestritt. Für den evangelischen Glauben hatte das auf Dauer fatale Konsequenzen: Entweder die Gemeindeglieder zogen sich auf einen gewissen Fundamentalismus zurück, der die Irrtumslosigkeit der Schrift rational zu beweisen suchte bzw. die Schrift zum Gesetzbuch für alle Lebenslagen machte. Andere hörten auf, die Bibel zu lesen, weil sie die wissenschaftlichen Methoden der Bibelexegese nicht ausreichend kannten und Angst hatten, bei der persönlichen Lektüre die biblischen Texte misszuverstehen. Eine dritte, derzeit größte Gruppe gab die Bibel als ernst zu nehmende Glaubensquelle überhaupt auf.[43]

43 Ähnlich auch Gerhard Ruhbach, Theologie und Spiritualität. Beiträge zur Gestaltwerdung des christlichen Glaubens, Göttingen 1987, 126f.

3. Rechtfertigung allein aus Gnade

Zentrum evangelischer Spiritualität ist die Erkenntnis von der voraussetzungslosen Annahme des Menschen durch Gott. Das reformatorische Rechtfertigungsverständnis hat sich auch ökumenisch durchgesetzt; dies ist spätestens seit der Unterzeichnung der ›Gemeinsamen Erklärung zur Rechtefertigungslehre‹ in Augsburg am 31. Oktober 1999 (trotz Einsprüchen aus beiden Konfessionen) nur schwer zu leugnen. Bei der »Rechtfertigung allein aus Gnade um Christi willen durch den Glauben« (CA 4) handelt es sich um den *»articulus stantis et cadentis Ecclesiae«* (so erstmals bei Valentin Ernst Löscher 1673–1749; in der Sache geht die Formulierung auf Martin Luther selbst zurück). Evangelische Spiritualität muss an diesem Zentralpunkt reformatorischer Erkenntnis ansetzen und immer wieder zu ihm hinführen. Dass die Zentrierung auf die Rechtfertigung des Menschen durch Gott gerade in Zeiten verstärkten religiösen Interesses und zunehmenden Pluralismus hochaktuell ist, zeigt sich nicht zuletzt an der Betonung der menschlichen Anstrengung in vielen spirituellen Angeboten heute.

4. Kein Glaube ohne Kirche und Gemeinde

So sehr Luther den Glauben des Einzelnen von klerikaler Bevormundung befreien wollte, intendierte er doch nie eine Spiritualität unabhängig von der christlichen Gemeinde. Das zeigt besonders schön seine Auslegung des 3. Glaubensartikels im Kleinen Katechismus. Die Stelle ist ein klassischer Beleg dafür, dass sich in Luthers Spiritualität der Einzelne und die Gemeinde komplementär zueinander verhalten: »Ich glaube, dass ich nicht aus eigener Vernunft noch Kraft an Jesus Christus, meinen Herrn, glauben oder zu ihm kommen kann; sondern der Heilige Geist hat mich durch das Evangelium berufen, mit seinen Gaben erleuchtet, im rechten Glauben geheiligt und erhalten; *gleichwie* er die *ganze Christenheit* auf Erden beruft, sammelt, erleuchtet, heiligt und bei Jesus Christus erhält im rechten einigen Glauben; *in welcher Christenheit* er mir und *allen Gläubigen* täglich alle Sünden reichlich vergibt und am Jüngsten Tage mich und *alle Toten* auferwecken wird und mir samt *allen Gläubigen* in Christus ein ewiges Leben geben wird.«[44] Im Protestantismus herrscht dagegen heute weithin ein Frömmigkeitstypus vor, der von Individualismus, Subjektivismus und Innerlichkeit geprägt ist. Die Konsequenz der Ausblendung der Gemeinde aus dem Glauben ist eine indifferente und

44 Hervorhebungen P.Z.

profillose Spiritualität. Die neuzeitliche Denkfigur von Gott und der Einzelseele stellt jedoch eine Abstraktion dar. Das zeigt sich spätestens in dem Moment, wo Eltern den christlichen Glauben an ihre Kinder weitergeben wollen. Plötzlich werden Kindergottesdienst, Religionsunterricht, Konfirmandenarbeit und Jugendkreis wichtig. Dringend nötig ist ein neues Bewusstsein dafür, dass es evangelische Spiritualität nicht unabhängig von Kirche gibt, sondern nur eingebunden in die ›Gemeinschaft der Heiligen‹, wie es im Apostolischen Glaubensbekenntnis heißt. Aus Hebr 12,1 stammt die Formulierung, dass jeder Christ umgeben ist von einer ›Wolke von Zeugen‹. Evangelische Spiritualität braucht die Kirche als Inspirationsraum, Korrekturinstanz und Bewährungsfeld.

5. Kontemplation und Aktion

Die Reformation hat neu ans Licht gebracht, dass sich der Glaube im Alltag zu bewähren hat und damit gegenüber der mittelalterlichen Spiritualität eine notwendige Korrektur vorgenommen. Dabei hat sie jedoch über der Nächstenliebe, dem Gottesdienst im Alltag, nicht die Stille vor Gott, die Kontemplation, vergessen. Ausdrücklich empfahl Luther den Weg der Stille als einen Weg zu Gott: »Gleichwie die Sonne in einem stillen Wasser gut zu sehen ist und es kräftig erwärmt, kann sie in einem bewegten, rauschenden Wasser nicht deutlich gesehen werden. Darum, willst du auch erleuchtet und warm werden durch das Evangelium, so gehe hin, wo du still sein und das Bild dir tief ins Herz fassen kannst, da wirst du finden Wunder über Wunder.«[45] Das Leben aus der Stille bewahrt vor Kurzatmigkeit und verhindert, dass christliches Handeln zum Aktionismus verkommt. Damit befindet sich reformatorische Spiritualität im Einklang mit der Spiritualität Jesu. In deren Zentrum steht das sogenannte Doppelgebot der Liebe: »Jesus aber antwortete ihm: ›Du sollst den Herrn, deinen Gott, lieben von ganzem Herzen, von ganzer Seele und von ganzem Gemüt.‹ Dies ist das höchste und größte Gebot. Das andere aber ist dem gleich: ›Du sollst deinen Nächsten lieben wie dich selbst‹.« (Mt 22, 37–39). D.h. die Liebe zu Gott verliert ihre Bodenhaftung, wenn sie nicht mit der Liebe zum Mitmenschen verknüpft wird (vgl. dazu auch Jesu Aussagen in der Bergpredigt Mt 5,21–26). Umgekehrt kühlt die Liebe zum Nächsten schnell ab, wenn sie nicht immer wieder aus der Quelle der Gottesliebe, d.h. der Liebe Gottes zu mir und meiner Liebe zu Gott, er-

45 WA 10/1, 1, 62; vgl. dazu Wolfgang Huber, Im Geist wandeln. Die evangelische Kirche braucht eine Erneuerung ihrer Frömmigkeitskultur, in: Zeitzeichen (2002) 7, 20.

neuert wird.[46] Kontemplation und Aktion, Gottesliebe und Nächstenliebe, Ewigkeitshorizont und Hinwendung zur Welt gehören in der christlichen Spiritualität unauflöslich zusammen.

IV. Notwendige Transformationen evangelischer Spiritualität – ein Weg zu wachsender ökumenischer Übereinstimmung

1. Auf dem Weg zu einer Pluralität von Spiritualitätsformen

Die traditionelle Konzentration evangelischer Spiritualität auf einige wenige Erscheinungsweisen erweist sich angesichts zunehmender Individualisierung und Pluralisierung als nicht ausreichend. Zudem lässt die fortschreitende Ausdifferenzierung der ästhetischen Milieus in der Gesellschaft es nicht mehr zu, sämtliche evangelischen Christen oder gar alle Mitglieder der Gesellschaft auf bestimmte Gestalten von Spiritualität wie Bibellesen, Beten, Beichten, Katechismus, Gesangbuchlied, Gottesdienst und Sakramente festzulegen. Dass schon Martin Luther für eine Vielzahl von spirituellen Formen eingetreten ist, zeigen exemplarisch seine Überlegungen zum evangelischen Gottesdienst in der ›Deutschen Messe‹ von 1526.[47] Danach schwebte ihm eine geradezu übergroß anmutende Pluralität vorwiegend zielgruppenorientierter Gottesdienste vor. Das betrifft auch Zeitpunkt, Wochentag und Sprachgestalt. Es verwundert, wie sehr die evangelische Gottesdiensttradition hinter Luthers Vorstellungen zurückgeblieben ist.

Evangelische Frömmigkeit tut gut daran, weiterhin bei den spirituellen Traditionen der anderen Konfessionen in die Schule zu gehen. Jesusgebet, Pilgern, Exerzitien und Lobpreis- und Anbetungslieder wurden mit Erfolg von den anderen christlichen Konfessionen übernommen. Die Meditationsbewegung wäre ohne Anregungen aus dem Raum des Buddhismus kaum entstanden.

2. Überwindung der Intellektualisierung evangelischer Spiritualität

In Zukunft sollte klar sein: Spiritualität ist nicht allein Sache von Verstand und Willen, sondern genauso Angelegenheit von Emotionalität und

46 Vgl. hierzu im Einzelnen Klaus Bockmühl, Das größte Gebot, Theologie und Dienst 21, Gießen/Basel 1980, 25–43.

47 In: Martin Luther, Ausgewählte Werke. Die Münchener Lutherausgabe, hg. von Hans Borcherdt und Georg Merz, Bd. 3, München ^{3}1962, 129f.

Sinnlichkeit! Sie umfasst den ganzen Menschen. »Gerade die geistig beanspruchten Menschen suchen vielfach mehr als eine weitere intellektuelle Anstrengung in der Religion. Immer mehr Menschen wollen den Glauben nicht nur denken, sondern auch spüren.«[48] In der Informationsgesellschaft scheint sich das Interesse des Menschen vor allem auf das Erleben der eigenen Körperlichkeit zu konzentrieren. Die verstärkte Sehnsucht nach Selbstvergewisserung durch Selbsterfahrung wird auf dem Hintergrund einer permanenten Reizüberflutung verständlich. Ob (gerade auch junge) Menschen zum christlichen Glauben Zugang finden, entscheidet sich daran, ob ihre Leiblichkeit darin vorkommt.

3. Öffnung für die Natur als Resonanzraum des dreieinigen Gottes

Auch die Natur kam jahrzehntelang aufgrund des vorherrschenden Verdikts gegen jede Form von natürlicher Theologie in der evangelischen Spiritualität kaum vor. Dem steht die Offenheit vieler Zeitgenossen für Naturerfahrungen gegenüber. Eine Sehnsucht, die angesichts fortschreitender Verdrängung der Natur durch die technisierte Zivilisation in den Industrienationen und die damit verbundenen Erfahrungsverluste nur zu verständlich ist.[49] Wo eröffnet evangelische Spiritualität Menschen die Chance, Gottes Schöpferkraft in der Natur wahrzunehmen und wie lässt sie die geschaffene Welt durchsichtig werden für die Realität Gottes? Das Pilgern, das in allen Konfession seit einigen Jahren eine Renaissance erlebt, stellt eine Möglichkeit dazu dar.

4. Die Wichtigkeit der Übung

Dietrich Bonhoeffer war einer der ersten evangelischen Theologen, der davon ausging, dass die geistliche Übung für jeden Christen unerlässlich ist, weil sie dem Glauben zur Gestaltwerdung verhilft. Gegenüber Bonhoeffers Plädoyer für die Notwendigkeit spiritueller Übungen wurde schon bald der Vorwurf der Gesetzlichkeit erhoben. Die Kritik Karl Barths ist das prominenteste Beispiel dafür. Nach der Lektüre der Finkenwalder ›Anleitung zur Schriftmeditation‹[50] schrieb er: »Und wiederum störte mich

48 Michael Meyer-Blanck, Inszenierung des Evangeliums, Göttingen 1997, 133.

49 Vgl. im Einzelnen Gerhard Schulze, Die Erlebnis-Gesellschaft. Kultursoziologie der Gegenwart, Frankfurt/New York ^{2}1992.

50 Finkenwalde, 22.5.1936, verfasst zusammen mit Eberhard Bethge, in: Dietrich

in jenem Schriftstück ein schwer zu definierender Geruch eines klösterlichen Eros und Pathos«.[51] Für Bonhoeffer stellt die spirituelle Übung den Geschenkcharakter des Glaubens nicht infrage, sondern lässt ihn erst zur persönlichen Erfahrung werden und so zur Entfaltung kommen. In einem Brief an Karl Barth vom 19. September1936 hält Bonhoeffer fest: »Daß aber sowohl theologische Arbeit wie auch wirkliche seelsorgerliche Gemeinschaft nur erwachsen kann in einem Leben, das durch morgendliche und abendliche Sammlung um das Wort, durch feste Gebetszeit bestimmt ist, ist gewiß [...]. Der Vorwurf, das sei gesetzlich, trifft mich wirklich garnicht. Was soll daran wirklich gesetzlich sein, daß ein Christ sich anschickt zu lernen, was beten ist und an dieses Lernen einen guten Teil seiner Zeit setzt?«[52]

Nach der Versiegelung von Predigerseminar und Bruderhaus in Finkenwalde bei Stettin durch die Gestapo schrieb Bonnhoeffer als Rechenschaftsbericht das Buch ›Gemeinsames Leben‹.[53] Im Grunde geht es ihm darum, zu zeigen, wie die Rechtfertigungslehre sowohl einem einzelnen Menschen als auch der Gemeinschaft zur Erfahrung werden kann. Dazu knüpft er an die spirituelle Tradition katholischer Orden an (sie galten und gelten als Experten für Spiritualität) und macht diese für evangelische Frömmigkeit fruchtbar. Bonhoeffer ist überzeugt, dass jeder Christ ein verbindliches geistliches Leben nötig hat. Spirituelle Übungen und ein lebendiger Glaube bedingen sich gegenseitig. Denn der Glaube wirkt sich nicht nur auf das Verhalten aus, sondern das äußere Verhalten hat ebenso Auswirkungen auf den inneren Glauben.

Die in ›Gemeinsames Leben‹ entfalteten geistlichen Übungen sind mit der traditionellen evangelischen Spiritualität kompatibel. Bonhoeffer formuliert seine Überlegungen ausdrücklich im Anschluss an die reformatorische Spiritualität Martin Luthers. An vielen Stellen nimmt er Ausführungen aus dessen Katechismen und dessen ›Sermon vom hochwürdigen Sakrament des heiligen wahren Leichnams Christi‹[54] auf und

Bonhoeffer, Illegale Theologenausbildung: Finkenwalde (1935–1937), hg. von Otto Dudzus/Jürgen Henkys, DBW, Bd. 14, Gütersloh 1996, 945–950.

51 Brief vom 14.10.1936, in: DBW, Bd. 14, 252f. Erst der späte Karl Barth revidierte seine Meinung und stellte fest, dass er sich in Bezug auf das Thema Rechtfertigung und Heiligung in großer Übereinstimmung mit Bonhoeffer befand (Karl Barth, Kirchliche Dogmatik, Bd. IV/2, Zürich 1955, 604.612f.).

52 DBW, Bd. 14, 237.

53 Dietrich Bonhoeffer, Gemeinsames Leben/Das Gebetbuch der Bibel. Eine Einführung in die Psalmen, hg. von Gerhard Müller/Albrecht Schönherr, DBW, Bd. 5, München 1987.

54 Abgedruckt in: Martin Luther, Ausgewählte Werke, hg. von Hans Borchert/Georg Merz, Bd. 1: Aus der Frühzeit der Reformation, München [3]1963, 382–394.

setzt diese in Beziehung zur ›*Imitatio Christi*‹ von Thomas von Kempen.[55] Mit seinem Exerzitium hat Bonhoeffer das Moment der *Übung* als unverzichtbar für die evangelische Spiritualität wiederentdeckt.

Seit einigen Jahren ist die Forderung nach der Einübung von spirituellen Vollzügen im Protestantismus von so unterschiedlichen Theologen wie Manfred Seitz, Gerhard Ruhbach, Christian Grethlein, Manfred Josuttis und Christian Möller positiv aufgenommen worden.[56] Auch viele evangelische Landeskirchen unternehmen inzwischen deutliche Anstrengungen, um – ganz im Sinn von Bonhoeffer – Theologiestudierende als Vorbereitung auf den Pfarrberuf in die spirituelle Vollzugsseite des Glaubens einzuführen. In diesem Zusammenhang spielt das Angebot von geistlicher Begleitung und von Exerzitien eine wichtige Rolle.[57]

5. Überwindung der Phobie vor der Form

Im Protestantismus ließ sich lange Zeit eine regelrechte Phobie vor bestimmten Strukturen beobachten.[58] Die Angst vor der toten Form führte zur Ablehnung von festen Formen überhaupt.[59] Dieser Einstellung stehen exegetische Beobachtungen, die Selbstverständlichkeit spiritueller Formen bei den Reformatoren und neuere humanwissenschaftliche Einsichten diametral entgegen. Angesichts der heutigen religiösen und spirituellen Pluralität, aber auch des Lebens in einer Risikogesellschaft »[bedarf] die Bewahrung und Weitergabe von grundlegendem Orientierungswissen [...] einer Absicherung durch Symbole und Riten.«[60] Mit dem früheren Erlanger Theologen Manfred Seitz gesprochen:

55 Vgl. Peter Zimmerling, Die besondere Kontur von Bonhoeffers Mystik. Thomas von Kempen als spiritueller Impulsgeber Dietrich Bonhoeffers, in: EvTh 77 (2017), 6–18.

56 Vgl. zuletzt Manfred Josuttis, Religion als Handwerk. Zur Handlungslogik spiritueller Methoden, Gütersloh 2002.

57 Vgl. dazu Ralph Kunz/Claudia Kohli Reichenbach (Hrsg.), Spiritualität im Diskurs. Spiritualitätsforschung in theologischer Perspektive, Zürich 2012, bes. 113–157; Sabine Hermisson/Martin Rothgangel (Hrsg.), Theologische Ausbildung und Spiritualität, Göttingen 2016; Sabine Hermission, ›Spirituelle Kompetenz‹. Eine qualitativ-empirische Studie zu Spiritualität in der Ausbildung zum Pfarrberuf, ARP 60, Göttingen 2016.

58 Christian Grethlein, Christliche Lebensformen – Spiritualität, in: GlLern 6 (1991), 114.

59 Vgl. z.B. Fulbert Steffensky, Was ist liturgische Authentizität, in: PTh 89 (2000), 105–116.

60 Grethlein, Lebensformen, 115.

»Einen Glauben, der nicht gestaltet ist und bloß als gedacht und in Gedanken existiert, verweht der Wind.«[61]

Die skizzierten Transformationsprozesse lassen sich nicht auf *evangelische* Spiritualität beschränken. Sie werden nur Erfolg haben, wenn sie in gemeinsamer ökumenischer Anstrengung durchgeführt werden. Dabei soll nicht geleugnet werden, dass es Aspekte katholischer Spiritualität gibt, mit denen evangelisch geprägte Christen weiterhin Mühe haben: Dazu gehören der intensive Marienkult, ja die ganze Heiligenverehrung in der katholischen Volksfrömmigkeit, aber auch die Zentrierung des Glaubens auf Bischöfe und den Papst.

61 Manfred Seitz, Art. Frömmigkeit II, in: TRE, Bd. 11, Berlin/New York 1983, 676.

4. Freikirchliche Spiritualität

Jochen Wagner

Es ist ein Allgemeinplatz, dass es *die* freikirchliche Spiritualität nicht gibt.[1] Deshalb habe ich mich dafür entschieden, exemplarisch einen Teil freikirchlicher Spiritualität zu entfalten und Grundzüge der Spiritualität von ›Freien evangelischen Gemeinden‹ (abgekürzt FeG) darzustellen.[2] Ein Blick auf andere Freikirchen, der an dieser Stelle nicht gebührend geleistet werden kann, würde Gemeinsamkeiten, aber auch Unterschiede deutlich machen.

I. Zur Definition: Spiritualität

Als Grunddefinition orientiere ich mich an einem Verständnis von Spiritualität als »Kunst geistbestimmten Lebens«.[3] Davon ausgehend soll

1 Die Bandbreite der evangelischen Freikirchen erstreckt sich vom Bund Evangelisch-freikirchlicher Gemeinden (BEFG), der Evangelisch-methodistischen-Kirche (EmK), dem Bund Freier evangelischer Gemeinden (BFeG) über die Mennoniten, die Pfingstgemeinden (z.B. im Bund freikirchlicher Pfingstgemeinden), die Sieben-Tags-Adventisten bis hin zu neueren Bewegungen wie den Vineyard-Gemeinden, den International-Christian-Fellowship-Gemeinden und den Hillsong-Gemeinden; siehe u.a. www.vef.info (28.11.2019). In der Vereinigung Evangelischer Freikirchen arbeitet ein Großteil dieser Kirchen und Gemeindebünde zusammen. – Zum Thema Spiritualität und Freikirchen siehe Andrea Strübind, Freikirchen und Spiritualität, JBTh 24, Neukirchen-Vluyn 2011, 203–232.

2 Zum BFeG in Deutschland gehören aktuell ca. 500 Gemeinden mit etwa 42.000 Mitgliedern.

3 Simon Peng-Keller, Einführung in die Theologie der Spiritualität, Darmstadt 2010, 7. Eine weitere allgemeine Definition von Spiritualität findet sich bei Arndt Büssing, Messung spezifischer Aspekte der Spiritualität / Religiösität, in: Thomas Möllenbeck/Ludger Schulte (Hrsg.), Spiritualität. Auf der Suche nach ihrem Ort in der Theologie, Münster 2017, 141f.: »Mit dem Begriff Spiritualität wird eine nach Sinn und Bedeutung suchende Lebenseinstellung bezeichnet, bei der sich der/die Suchende ihres göttlichen Ursprungs bewusst ist […] und eine Verbundenheit mit anderen, mit der Natur, mit dem Göttlichen usw. spürt.« Eine weitere Definition des Begriffs ›Spiritualität‹ finden sich bei Corinna Dahlgrün, Christliche Spiritualität, Berlin/Boston ²2018, 108: »Spiritualität ist die von Gott auf dieser Welt hervorgerufene liebende Beziehung des Menschen zu Gott und Welt, in der der Mensch immer von neuem sein Leben gestaltet und die er nachdenkend verantwortet«.

hier präzisierend von ›christlicher Spiritualität‹ gesprochen werden, und diese würde ich als ›Kunst gelebter Frömmigkeit‹, oder besser: als die ›Kunst gelebten Glaubens‹ verstehen.[4] Der Schwerpunkt liegt folglich auf der gelebten Frömmigkeit, dem *gelebten* Glauben.[5] Hier soll also die faktisch *gelebte* Frömmigkeit in Freien evangelischen Gemeinden beschrieben werden.[6] Dabei orientiere ich mich an dem Standardwerk ›Typisch FeG‹, weil es die *Mainstream*-Frömmigkeit in Freien evangelischen Gemeinden realistisch abbildet.[7]

4 Christliche Frömmigkeit/Spiritualität unterteilt sich in ›Frömmigkeitstypen‹, zu deren charakteristischen Elementen man grundsätzlich Folgendes sagen kann: »In erster Linie gehört dazu die Auszeichnung eines Brennpunktes innerhalb der christlichen Lehre. Zweitens sind sie mit spezifischen Auffassungen der Welt persönlicher und gesellschaftlicher Erfahrung verbunden. Drittens gehört ein charakteristischer Lebensstil oder auch eine Mehrzahl von komplementären Lebensstilen zu der jeweiligen Auffassung der christlichen Lehre und der entsprechenden Auffassung vom Leben des Menschen in der Welt«; Wolfhart Pannenberg, Christliche Spiritualität. Theologische Aspekte, Göttingen 1986, 7f. – Zum Begriff ›Frömmigkeit‹ siehe Katharina Krause, Bekehrungsfrömmigkeit, Historische und kultursoziologische Perspektiven auf eine Gestalt gelebter Religion, PThGG 23, Tübingen 2018, 279; Markus Iff, Spiritualität und theologische Ausbildung an der Theologischen Hochschule Ewersbach. Systematisch-theologische Perspektiven, in: Christian Bouillon/Holger Eschmann/Andreas Heiser (Hrsg.), Spiritualität und theologische Ausbildung. Evangelische Perspektiven, Göttingen 2018, 87f.; ders., Wurzeln und Wesen freikirchlicher Frömmigkeit, in: Burkhard Neumann/Jürgen Stolze (Hrsg.)., Aus dem Glauben leben. Freikirchliche und römisch-katholische Perspektiven, Paderborn/Göttingen 2014, 49–52. Wilfrid Haubeck, Frömmigkeit und Theologie, Christsein Heute Forum 65, Witten 1993 versteht Frömmigkeit als ›gelebten Glauben‹. Zur Definition von Frömmigkeit, die man m.E. auch auf den Begriff der christlichen Spiritualität übertragen kann, siehe Carl Ratschow, Art.: Frömmigkeit 1, EKL 1, 31986, 1397–1400. Er versteht Frömmigkeit als *»Lebensgestalt des Glaubens aus und vor Gott«* (ebd., 1400).

5 Mein Beitrag ist eher im Sinn einer Bestandsaufnahme zu verstehen, daher ist er mehr beschreibend als analytisch.

6 Als Bezugszeitraum habe ich dabei die letzten 30 Jahre – und teilweise darüber hinaus – im Blick.

7 Das Werk „Typisch FeG“ erlebte 1997 seine Erstauflage und liegt mittlerweile in der achten Auflage (2016) vor. Zitate beziehen sich, wenn nicht anders gekennzeichnet, auf die aktuelle Auflage. Da der Autor, Peter Strauch, 1991 Präses des BFeG wurde und auch davor an einflussreicher Stelle im BFeG arbeitete (von 1973–1983 als Bundesjugendleiter und von 1983–1991 als Bundespfleger), entsteht allein dadurch schon ein Rahmen von etwa 30 Jahren. Dass die spirituelle Tradition, für die Strauch steht, über die 30 Jahre hinausgeht, lässt sich daran festmachen, dass die Bundesgemeinschaft in aller Regel nur eine Person zum Präses wählt, die die (Mainstream-)Frömmigkeit des Bundes auch abbildet. Dass der aktuelle Präses Ansgar Hörsting wiederum sich die Ausführungen seines Vorgängers zu eigen macht, schlägt den Bogen bis ins Jahr 2019 und darüber hinaus (Hörsting wurde im September 2019 für weitere sechs Jahre berufen). Neben die Orientierung an diesem Buch treten freilich zahlreiche persönliche

II. Aus der Geschichte der Freien evangelischen Gemeinden

Als prägende Gestalt bzw. Kraft der Freien evangelischen Gemeinden gilt ihr Gründer, der Kaufmann Hermann Heinrich Grafe. Er (und damit auch die Freien evangelischen Gemeinden) wurde von Pietismus und Erweckungsbewegung geprägt.[8] Die spirituelle Tradition der Freien evangelischen Gemeinden beinhaltet deshalb Aspekte wie subjektive Glaubenserfahrung, die Hochachtung der Schrift und die Absonderung von der Welt sowie Hochschätzung für die Person Gerhard Tersteegen (die aus dem Pietismus stammen); außerdem das individualistische, das sozietäre und das evangelistische Motiv (aus der Erweckungsbewegung).[9] Zum gesellschaftlichen – bzw. genauer gesagt: politischen – Engagement als Ausdruck gelebten Glaubens lässt sich festhalten: »Für Grafe galt es spätestens nach der Revolution von 1848/1849 als erwiesen, dass eine Gesellschaftsform im Sinn einer vollständigen Christianisierung unmöglich sei. […] Die pluralistische Gesellschaft sieht Grafe als irreversibles Faktum [JW: und bewertet dies natürlich negativ]. Insofern ist für ihn eine Betätigung als Politiker undenkbar, womit er für die Freien evangelischen Gemeinden spirituell einen Weg vorzeichnet, der sich aus der aktiven Gestaltung der Gesellschaft mittels Parteipolitik heraushält.«[10] Die theologische Mitte der ersten Freien evangelischen Gemeinden und damit auch die Grundlage für Ausdrucksformen des gelebten Glaubens beschreibt der Historiker Wolfgang Heinrichs folgendermaßen: Sie sei

Erfahrungen, angefangen beim Theologiestudium an der Hochschule des BFeG bis hin zu Kontakten zu vielen Freien evangelischen Gemeinden. – Zur Tradition v.a. des Gründers Hermann Heinrich Grafe siehe Wolfgang Heinrichs, Spiritualität in frei-evangelischer Tradition, in: Bouillon/Eschmann/Heiser (Hrsg.), Spiritualität, 51ff. Zur Spiritualität Freier evangelischer Gemeinden siehe Markus Iff, Wurzeln und Gestalt freikirchlicher Spiritualität – unter besonderer Berücksichtigung der Freien evangelischen Gemeinden und des deutschen Baptismus, in: Peter Zimmerling (Hrsg.), Handbuch Evangelische Spiritualität, Band 1: Geschichte, Göttingen 2017, 652–670; Haubeck, Frömmigkeit. Zu den Freien evangelischen Gemeinden allgemein siehe: Konrad Bussemer, Die Gemeinde Jesu Christi. Ihr Wesen, ihre Grundsätze und Ordnungen, hg. unter der Mitarbeit anderer, Witten [8]1984 (1905); Hartmut Weyel, Evangelisch und frei. Geschichte des Bundes Freier evangelischer Gemeinden in Deutschland, Geschichte und Theologie der Freien evangelischen Gemeinden (GuTh), Band 5.6, Witten 2013; Johannes Demandt (Hrsg.), Freie Evangelische Gemeinden, Die Kirchen der Gegenwart 4, Bensheimer Hefte 114, Göttingen 2012.

8 Siehe Wolfgang Heinrichs, Spiritualität in frei-evangelischer Tradition, in: Bouillon/Eschmann/Heiser (Hrsg.), Spiritualität, 51ff. Darüber hinaus mag man noch den englischen Evangelikalismus nennen; vgl. Iff, Wurzeln und Wesen, 55.

9 Siehe Heinrichs, Spiritualität, 51–53.

10 Ebd., 64.

»offenbar nicht in einer der reformatorischen Bekenntnisschriften zu suchen [...], sondern in einem aus Pietismus und Erweckungsbewegung erwachsenen undogmatischen, am eigenen Bibelverständnis orientieren Erfahrungsschatz«,[11] ausgehend freilich von der »freien Gnade«.[12] Hermann Heinrich Grafe sagte über sich: »In der Heilslehre bin ich reformiert, in der Gemeindeverfassung Independent und im Leben ein Pietist.«[13]

III. Die Urgemeinde[14] als Leitbild einer frei-evangelischen Spiritualität

Das biblische Leitbild einer frei-evangelischen Spiritualität war über Jahrzehnte die – wenn auch oft nicht reflektierte oder niedergeschriebene – Orientierung an der idealisierenden Darstellung bzw. der Utopie des Lukas in Apg 2,42. Dort heißt es: »Sie blieben aber beständig in der Lehre der Apostel und in der Gemeinschaft und im Brotbrechen und im Gebet.«[15] Daneben trat das Ideal »Sie waren täglich einmütig beieinander« (Apg 2,46). Dem Grundsatz nach entspricht diese Orientierung der Präambel des Bundes Freier evangelischer Gemeinden (BFeG). Dort heißt es unter 3.: »Die Gemeinden wollen sich in ihrem Aufbau und Dienst nach

11 Wolfgang Heinrichs, Ein Akt der Solidarität – Austrittserklärung von 14 Mitgliedern der ersten Freien evangelischen Gemeinde Elberfeld/Barmen aus der Landeskirche, unter ihnen Maria Grafe, vom 19. Dezember 1856, in: Wolfgang Dietrich (Hrsg.), Ein Act des Gewissens. Dokumente zur Frühgeschichte der Freien evangelischen Gemeinden, GuTh, Band 2, Witten 1988, 170.

12 Heinrich Neviandt, Erinnerungen aus dem Leben des am 25. December 1869 entschlafenen Kaufmannes Hermann Heinrich Grafe, bearbeitet von Wolfgang Dietrich, in: Wolfgang Dietrich (Hrsg.), Ein Act des Gewissens. Erinnerungen an Hermann Heinrich Grafe, GuTh, Band 1, Witten 1988, 103f.112f.(Anm. 109).124.126f.(Anm. 201).136.

13 Wilfrid Haubeck/Wolfgang Heinrichs/Michael Schröder, Die Tagebücher Hermann Heinrich Grafes in Auszügen, Wuppertal/Witten 2004, 143 (Tagebuch IV, Eintrag vom 06.11.1855).

14 Ich bin mir der Problematik dieses Begriffs durchaus bewusst. Gerade diese Formulierung entspricht jedoch der Bedeutung der genannten Bibelverse in bestimmten Frömmigkeitskreisen. Der Begriff verdeutlicht den vermeintlichen Anspruch sowie das überhöhte Ideal dieser Bibelstellen.

15 Bibelverse werden, wenn nicht anders angegeben, nach der Lutherbibel 1984 zitiert, da sie m.E. die am meisten verwendete Übersetzung in Freien evangelischen Gemeinden in den letzten 30 Jahren war. In Peter Strauch/Ansgar Hörsting, Typisch FeG. Glaube, Lehre und Leben in Freien evangelischen Gemeinden, Witten [8]2016 wird Apg 2,42 nur auf Seite 96 erwähnt. Apg 2 wird auf den Seiten 18.20.22.44.65.143.174 erwähnt.

der im Neuen Testament erkennbaren Lebensweise der Gemeinden ausrichten.«[16] Daher sollen im Folgenden einzelne Aspekte der Frei-evangelischen Spiritualität anhand von Apg 2,42 entfaltet werden.

1. Die Lehre der Apostel – die Freien evangelischen Gemeinden als Bibelbewegung

Die zentrale Bedeutung der Heiligen Schrift ist in den grundlegenden Dokumenten der Freien evangelischen Gemeinden verankert. In der Präambel des BFeG steht in Artikel 1: »Verbindliche Grundlage für Glauben, Lehre und Leben in Gemeinde und Bund ist die Bibel, das Wort Gottes.«[17] Der Schriftbezug sowie die *Bedeutung der Schrift* werden somit hervorgehoben und an den Anfang der Präambel gestellt. Als zentrale Frage für Freie evangelische Gemeinden nennt Präses Ansgar Hörsting: »Wie halten Sie's mit der Bibel?«[18] Das eigene Schriftverständnis wird dann im Folgenden präzisiert: »Wir glauben an die Inspiration der ganzen Heiligen Schrift, aber wir glauben nicht an ein bestimmtes Inspirationsdogma.«[19] Es folgt in Anlehnung an Aussagen der ›Lausanner Verpflichtung‹ folgende Wendung: Die Bibel ist »unfehlbarer Maßstab des Glaubens und Lebens«.[20] Folglich ist die Frage des *Bibelverständnisses* und damit der Bibelhermeneutik zentral,[21] was auch in der aktuellen Diskussion über

16 https://downloads.feg.de/Gemeindeordnung_2017.pdf (28.11.2019).

17 https://feg.de/verfassung/ (28.11.2019). (Der Vorschlag einer Initiative, dieses Verständnis auf Christus zuzuspitzen, wurde auf dem Bundestag 2018 abgelehnt.)

18 Strauch/Hörsting, FeG, 11ff.

19 Ebd., 11. Dazu Gerhard Hörster, ehemaliger Rektor der Theologischen Hochschule Ewersbach: »Die ganze Bibel ist Gottes Wort, wiedergegeben durch menschliche Worte«; ebd., 12.

20 Ebd., 12 (Lausanner Verpflichtung, 1974, 2. Die Autorität der Bibel; https://www.lausanne.org/de/lausanner-verpflichtung/lausanner-verpflichtung; 28.11.2019). Im Gründungsdokument der ersten Freien evangelischen Gemeinde ist von der einzigen untrüglichen »Richtschnur des Glaubens und Lebens« die Rede, ebd., 13.

21 Bemerkenswert ist dabei folgende Aussage im langjährigen Standardwerk Konrad Bussemer, Die Gemeinde Jesu Christi. Das Wesen der Gemeinde Jesu nach dem Neuen Testament besonders hinsichtlich ihrer Glieder und ihrer Ordnungen, hg. in Verbindung mit mehreren Brüdern, Witten [3]1916, 31: »Es ist möglich, daß man die Schrift ganz ungöttlich anwendet und daß man die Wahrheit so verwertet, daß es wider die Wahrheit ist. Nicht der handelt immer und in jedem Fall biblisch, der ein Wort oder eine Lehre der Schrift für sich hat, sondern der, der im Geist der gesamten Schrift lebt und im Sinn dieses Geistes jedes Wort und jede Wahrheit anwendet«. (Die bereits zuvor angeführte Auflage stellt eine überarbeitete Fassung dar, in der auch diese Aussage variiert; Bussemer, Gemeinde, [8]1984, 59f.).

das rundlagendokument ›Gottes Wort im Menschenwort‹ deutlich wird.[22] Dabei zeigt sich schon an dieser Stelle ein Zusammenhang mit der Betonung des Gewissens des Einzelnen (auf den später noch einmal zurückzukommen sein wird), wenn es in der Präambel heißt: »In Fragen der Schriftauslegung und praktischen Anwendung der Heiligen Schrift wird das an Gottes Wort gebundene Gewissen des Einzelnen geachtet.«[23] Die Bibelfrömmigkeit Freier evangelischer Gemeinden hat ihre Wurzeln im Pietismus.[24] Dabei liegt der Fokus auf der *existenzbezogenen Bedeutung der Schrift* als Wort Gottes.[25] D.h. durch die Übertragung der Texte Alten und Neuen Testaments in das eigene Leben gewinnen freikirchliche Christen Orientierung, Motivation und Inspiration.[26] Dies zeigt sich u.a. dadurch, dass es in vielen Gemeinden Bibel- und Gebetsstunden gab und gibt. Und auch in der moderneren Form von Hauskreisen werden Bibeltexte gelesen. Somit hat die gemeinsame Beschäftigung mit der Bibel einen hohen Stellenwert.[27] Man kann sagen: Freie evangelische Gemeinden verstehen sich als ›Auslegungsgemeinschaft‹ (Dalferth). Daneben spielt die *persönliche Bibellese* eine bedeutende Rolle – auch wenn diese (wie das gemeinschaftliche Bibellesen) meiner Wahrnehmung nach nachgelassen hat.[28] So werden in vielen Haushalten die Herrnhuter Losungen[29] – sozusagen als ›Spruchfrömmigkeit‹ – gelesen oder eine tägliche Bibellese im Rahmen einer sogenannten ›Stillen Zeit‹ praktiziert.

22 https://downloads.feg.de/FeG_BL_Stellungnahme_Gottes_Wort_im_Menschenwort.pdf (28.11.2019).

23 Wortlaut bis 2018: »Fragen biblischer Auslegung und praktischer Anwendung bleiben dem an Gottes Wort gebundenen Gewissen des Einzelnen überlassen«; Strauch/Hörsting, FeG, 205.

24 Siehe Iff, Wurzeln, 63–65. Mit Zinzendorf sei es wichtig, »dass wir zu einer lebendigen Bibel werden«; in: Iff, Wurzeln und Gestalt, 657.

25 So Iff, Wurzeln, 79.

26 Vgl. Iff, Wurzeln und Gestalt, 664.

27 Siehe Strauch/Hörsting, FeG, 14 mit Verweis auf Apg 8,30f.

28 Diese Beobachtung teilen auch Iff, Wurzeln und Gestalt, 664 sowie für den deutschen Baptismus Ralf Dziewas, Aus dem Glauben leben. Gesellschaftliche Herausforderungen für Spiritualität und Leben freikirchlicher Gemeinden, in: Burkhard Neumann/Jürgen Stolze (Hrsg.)., Aus dem Glauben leben. Freikirchliche und römisch-katholische Perspektiven, Paderborn/Göttingen 2014, 198f.

29 Siehe https://www.losungen.de/die-losungen/ (28.11.2019).

2. Gemeinschaft

Die *Gemeinschaft* bzw. das Gemeinschaftsgefühl spielt in Freien evangelischen Gemeinden eine kaum zu überschätzende Rolle. Die Gemeinde wird als *Familie* verstanden und im besten Fall auch erfahren: Kirche als *familia Dei*. Dabei spielen die praktischen Erfahrungen der Vergemeinschaftung eine größere Rolle als deren theologische Begründung. Da es sich in unseren Breiten bei Freikirchen bzw. speziell bei Freien evangelischen Gemeinden um kleinere Einheiten handelt (im Schnitt zwischen 70 und 90 Personen)[30], lässt sich das Ideal von Gemeinde als Familie auch verwirklichen. Man besucht sich gegenseitig, man hilft sich und nimmt Anteil aneinander. Bis vor etwa 30 Jahren kam es nicht selten vor, dass Mitglieder bis zu fünf Abende in der Woche in der Gemeinde verbracht haben: vom Gottesdienst über Bibelstunde und Chor bis zu Posaunenchor und Jugendstunde. Darüber hinaus zeigte sich die Gemeinschaft ganz konkret in der gemeinschaftlichen Hilfe: Jeder half dem anderen, z.B. beim Hausbau. Man kann dieses Gemeinschaftsverständnis im Lied ›Ein einig Volk von Brüdern‹ [31] des Gründers Hermann Heinrich Grafe zusammengefasst sehen:

1) Ein einig Volk von Brüdern, das ist das Volk des Herrn,
verzweigt in seinen Gliedern, doch eins in seinem Kern;
von oben her geboren, vom Heil'gen Geist getränkt,
von Gott selbst auserkoren, der liebend sein gedenkt.

5) O Jesu, uns bescheine in deiner Liebe Glanz.
O Jesu, uns vereine mit dir und in dir ganz.
Ein einig Volk von Brüdern, das lass, o Herr, uns sein,
in allen seinen Gliedern auf ewig, ewig dein.

30 Strauch/Hörsting, FeG, 116.

31 Feiern & Loben. Die Gemeindelieder, Holzgerlingen/Kassel 2003, 132 (das aktuelle Liederbuch der Evangelisch-Freikirchlichen und der Freien evangelischen Gemeinden). Man beachte die geistige Nähe zum Rütli-Schwur aus Schillers Wilhelm Tell. Siehe Friedrich Schiller, Wilhelm Tell, Reclams Universalbibliothek Nr. 12, Ditzingen 2014, 57: »Wir wollen sein ein einzig Volk von Brüdern, In keiner Not uns trennen und Gefahr. Wir wollen frei sein wie die Väter waren, Eher den Tod, als in Knechtschaft leben. Wir wollen trauen auf den höchsten Gott Und uns nicht fürchten vor der Macht der Menschen« (Der Text der vorliegenden Ausgabe folgt der Edition: Schillers Werke. Nationalausgabe, hg. im Auftrag der Nationalen Forschungs- und Gedenkstätten der klassischen deutschen Literatur in Weimar [Goethe- und Schiller-Archiv) und des Schiller-Nationalmuseums in Marbach von Norbert Oellers und Siegfried Seidel.. Bd. 10: Die Braut von Messina. Wilhelm Tell. Die Huldigung der Künste, hg. von Siegfried Seidel. Weimar 1980). Zur Nähe zu Friedrich Schiller siehe Heinrichs, Spiritualität, 57.

Daneben wird bzw. wurde in Freien evangelischen Gemeinden folgender Satz von Nikolaus Ludwig von Zinzendorf oftmals zitiert: »Ich konstatiere kein Christentum ohne Gemeinschaft.«[32] Die Betonung der Gemeinschaft zeigt sich praktisch in der Kleingruppenarbeit (z.B. in Hauskreisen), die in den Gemeinden einen hohen Stellenwert genießt. Letztlich ist dieses Gemeinschaftsgefühl vermutlich auch ein wichtiger Grund dafür, dass Menschen sich dieser Gemeindeform anschließen. Spannend ist, dass sich hier eine gewisse Ambivalenz in der Spiritualität Freier evangelischer Gemeinden zeigt: die Betonung von Gemeinschaft und gleichzeitig – darauf werde ich später noch zu sprechen kommen – die Betonung von Individualität.[33] Möglicherweise ist die Betonung der Gemeinschaft auch so etwas wie ein Gegengewicht zur evangelischen Individualisierung der Gottesbeziehung (nach dem Motto ›Ich und mein Gott‹). Dieses spannungsvolle Verhältnis zwischen der Gemeinschaft und dem Einzelnen bedarf weiterer Reflexion.

3. Das Brechen des Brotes[34]

Freie evangelische Gemeinden waren an vielen Orten zunächst als Gemeinschaft im *Abendmahl* entstanden. Sie bildeten sich aufgrund der Abendmahlsfrage: Nur ›wahre Gläubige‹ sollten daran teilnehmen dürfen – so lautete die Kritik, die an der evangelischen Landeskirche in Wuppertal geübt wurde, und dies führte dann zum Bruch und zur Entstehung der ersten Freien evangelischen Gemeinden. Auch deshalb hat das Abendmahl in FeGs bis heute einen hohen Stellenwert. In manchen Gemeinden fanden die Abendmahlsfeiern (wie damals üblich) als eigene Veranstaltungen nach dem Gottesdienst statt. Wenn man nicht aus der betreffenden Gemeinde kam, musste man sich dafür anmelden. Die Bedeutung des Abendmahls zeigte sich in vielen Freien evangelischen Ge-

32 So auch Erich Geldbach, Freikirchen. Erbe, Gestalt und Wirkung, Bensheimer Hefte 70, Göttingen ²2005, 39 für alle Freikirchen. Das genaue Zitat müsste allerdings folgendermaßen lauten: »Ich statuiere kein Christentum ohne Gemeinschaft«, Zinzendorf an Karl Heinrich von Peistel, zit. nach Otto Uttendörfer u.a. (Hrsg.), Die Brüder, Herrnhut/Gnadau 1914, 103.

33 Schon bei Grafe beobachtet Heinrichs, Spiritualität, 57–67 einen Konsens von individueller und kollektiver Frömmigkeit. »Die Einheit der Gemeinde steht [...] allerdings in einem gewissen Spannungsverhältnis zu dem sie konstituierenden Element, insofern die Individualität zur Bedingung ihrer eigenen Aufhebung bestimmt wird«, ebd., 68. Zudem gilt: »Individuum wie Kollektiv können in einer innigen, allerdings nur geistlichen Bezogenheit aufeinander in der Krise sogar wachsen«, ebd., 75.

34 Siehe Strauch/Hörsting, FeG, 24.94–99.

meinden durch den besonderen Ernst, mit dem es gefeiert wurde. Noch heute wird – wenn vielleicht auch nicht mehr so häufig wie früher – über die Frage des ›Würdigseins‹[35] der Teilnehmerinnen und Teilnehmer am Abendmahl diskutiert. Die Ernsthaftigkeit der Feier hatte nicht selten zu einer gewissen Verkrampfung geführt, so dass Abendmahlsgottesdienste die am schlechtesten besuchten Gottesdienste wurden. Neben dieser Tradition stehen Versuche einer Neuentdeckung, die in folgenden Worten zum Ausdruck kommt: »Die Feier des Abendmahls ist ein Moment höchsten Ernstes und zugleich ein Moment höchster Freude« (so in der Einleitung zur Abendmahlsfeier während der Theologischen Woche des Bundes Freier evangelischer Gemeinden im Jahr 2019). Die Bedeutung des Abendmahls zeigt sich heute u.a. an lebhaften Debatten entlang den Fragen, wie man zum Abendmahl einlädt, ohne dass es eine ›Ausladung‹ wird, oder wie man mit Menschen umgeht, die intellektuell nicht in der Lage sind, die theologische Bedeutung des Abendmahls zu erfassen. Letztlich hängt das Abendmahlsverständnis auch mit der Bedeutung der ›Heiligung‹ zusammen, von der später noch die Rede sein wird.

4. Gebet

»Gebet ist der Motor der Gemeinde« – so kann man es in vielen Freien evangelischen Gemeinden hören. Dies wird deutlich in den bereits erwähnten Bibel- und Gebetsabenden in den Gemeinden, in speziellen Gebetstreffen vor dem Gottesdienst und Ähnlichem. Außerdem gibt es Gebetsinitiativen des BFeG (wie z.B. besondere Gebetstage). Für das Jahr 2020 lautet das Jahresthema des BFeG ›Gebet‹, und zwar unter dem Leitwort: ›Beten. Schlicht und ergreifend.‹[36] Präses Ansgar Hörsting nennt als eines der Kriterien, die s.E. lebendige Gemeinden kennzeichnen: *»... beten, weil sie in einer Beziehung zu Gott stehen, von dem sie alles erwarten.* Gebet ist in lebendigen Gemeinden eine häufig anzutreffende Ausdrucksform der Beziehung zu Gott. Mit ihm muss man einfach alles besprechen. Und weil er Gott ist, erwarten sie sein Handeln. Lebendiges Gebet wird man in lebendigen Gemeinden finden.«[37]

35 Siehe 1 Kor 11,27 (17–34).

36 Henrik Otto/Bernd Kanwischer (Hrsg.), Beten. Schlicht und ergreifend, Witten 2019. Darin wird zu folgenden Perspektiven eingeladen: Sehnsuchtsvoll beten; verwurzelt beten; zuversichtlich beten; verantwortungsvoll beten; sinnlich beten; gemeinsam beten; ebd., 6.

37 Strauch/Hörsting, FeG, 202.

Eine besondere Form des Gebets in Freien evangelischen Gemeinden ist das *freie Gebet* (und damit verbunden die Kritik an vorformulierten Gebeten – auch an den biblischen!). Eine Frömmigkeit, die mit den Psalmen betet, war und hat sich in großen Teilen der Gemeinden – zumindest im Gottesdienst – nicht etabliert. Bis vor wenigen Jahren gab es eine große Skepsis gegenüber dem, was man unter Liturgie verstand, selbst in Bezug auf das Vaterunser. Das ›echte‹ Gebet sollte möglichst frei formuliert sein. Allerdings hat auch hier ein Veränderungsprozess eingesetzt; die Vorbehalte schwinden zunehmend. Darüber hinaus ist, vom Pietismus herkommend, die Fürbitte als »vorbildlich für freikirchliche Spiritualität« zu nennen.[38] »Am Vorrang der *Fürbitte* wird am sinnfälligsten erkennbar, wie der durch den Gedanken der Sammlung der Frommen von Spener dem Pietismus eingestiftete Gemeinschaftsgedanke die Frömmigkeit ergreift und umbildet. Der Gedanke der Gebetsgemeinschaft ist nicht nur ein wesentlicher Beitrag Speners zur Geschichte des Gebets im Protestantismus, sondern nachhaltig prägend für die freikirchliche Frömmigkeit.«[39] Die Form der *Gebetsgemeinschaft* hat bis heute auch in vielen Gottesdiensten eine hohe Bedeutung und gehört gerade für ältere Gemeindemitglieder zur Identität Freier evangelischer Gemeinden.

In diesem Zusammenhang muss allerdings auch auf Gefahren hingewiesen werden: Dass – zumindest meiner Wahrnehmung nach – das Gebet ohne ausreichende theologische Reflexion betont und praktiziert wird, kann zu nicht geringen Verunsicherungen führen. Die Frage, wie die biblischen Verheißungen auf Gebetserhörung angemessen zu verstehen sind oder wie es zu beurteilen ist, wenn sich diese Verheißungen im persönlichen Leben nicht erfüllen, sind m.E. noch nicht ausreichend in der Breite des BFeG diskutiert worden. Dies ist insofern von Belang, als es Gemeinden anfällig für Bewegungen macht, die behaupten, man müsse nur genug glauben, dann gingen auch die Gebete in Erfüllung. Zudem scheint eine Selbstverständlichkeit nicht hinreichend bedacht zu werden: Beim Thema Gebet kann es nicht um Quantität gehen. An dieser Stelle würde ein differenzierteres Nachdenken den Gemeinden mehr Standfestigkeit verleihen.

38 So Iff, Wurzeln, 68f.

39 Ebd., 69.

IV. Individualität[40]

1. Die persönliche Aneignung des Glaubens (Bekehrungserfahrung bzw. -frömmigkeit)[41]

Als weitere Merkmale einer Frei-evangelischen Spiritualität werden im Folgenden über Apg 2 hinaus weitere Themen benannt. Von ihrer Geschichte her legen FeGs Wert auf eine ***persönliche Bekehrung.***[42] Mit anderen Worten: Die persönliche Aneignung des Glaubens bzw. die persönliche Jesus-Begegnung[43] spielen eine besondere Rolle. Von dieser Erfahrung wird dann zum Beispiel bei der Aufnahme in die Gemeinde oder bei der Taufe ›Zeugnis abgelegt‹. Bis vor wenigen Jahren – und in einigen Gemeinden sicherlich bis heute – lautete eine typische Frage (vornehmlich älterer Gemeindemitglieder): »Erzähl doch mal deine Bekehrungsgeschichte!« Dies diente als Erweis der Rechtgläubigkeit.[44] Die Anfragen, die mit dem Begriff ›Bekehrung‹ zusammenhängen (wie etwa die missverständliche Deutung, man müsse sich für Gott entscheiden – statt dass Gott sich für uns entscheidet), können hier nicht ausführlich behandelt werden. Es sei nur so viel gesagt: »Die Entscheidung des Menschen für den Glauben ist zwar dessen Tat, nicht aber als sein eigenes Werk im Sinn einer anrechenbaren Leistung vor Gott oder Menschen anzusehen. Der Mensch

40 Ein Zusammenhang zwischen der Betonung der Individualität und der Bedeutung von ›geistlichen Persönlichkeiten‹ im BFeG liegt auf der Hand. Zur Rede von ›geistlichen Persönlichkeiten‹ im Zusammenhang mit dem Pastor / der Pastorin siehe Andreas Heiser, Ein Pastor – was ist das? Zur Genese unterschiedlicher Pastorenbilder und ihrer Bezugspunkte am Beispiel des Bundes Freier evangelischer Gemeinden, in: ders./Markus Iff, Berufen, beauftragt, gebildet – Pastorales Selbstverständnis im Gespräch. Interdisziplinäre und ökumenische Perspektiven, BThSt 131, Neukirchen-Vluyn 2012, 68–107.

41 Siehe u.a. Krause, Bekehrungsfrömmigkeit. Ob es hier auch eine Verbindung zum evangelischen Mystizismus und Spiritualismus gibt, kann an dieser Stelle leider nicht behandelt werden (siehe Iff, Wurzeln, 71f).

42 Vgl. Iff, Wurzeln, 56.58.65–68. An dieser Stelle sei auch auf eine Wendung Wolfgang Dietrichs verwiesen, der Grafes Verständnis von Gnade folgendermaßen auf den Punkt bringt: »die Gnade muss existentiell erfahren werden«; Wolfgang Dietrich (Hrsg.), Ein Act des Gewissens. Erinnerungen an Hermann Heinrich Grafe, GuTh, Band 1, Witten 1988, 123 Anm. 182.

43 Siehe Iff, Wurzeln und Gestalt, 663: »Freikirchliche Spiritualität zielt auf die persönliche Begegnung mit Jesus, dem Freund, dem Heiland und dem Herrn der Menschen.«

44 »Als glaubwürdig gilt eine Bekehrungserzählung dann, wenn es den sich Bekehrenden gelingt, das in bereitliegenden Narrativen objektivierte Wissen der Gruppe über Bekehrung als ein persönlich anverwandeltes Wissen zur Geltung bringen«; Krause, Bekehrungsfrömmigkeit, 283.

glaubt nicht aus sich selbst, wohl aber als er selbst. Der Glaubende ist passiv, aber seine Passivität ist die ›responsorische Passivität des Sich-lassens‹ (vgl. Lk 1,38).«[45] Darüber hinaus sei darauf verwiesen, dass die Differenz »zwischen dem Grund meines Glaubens in Jesus Christus und meinem höchsteigenen, aber derart begründeten Glauben« nicht immer konsequent durchgehalten wird.[46] Aufgrund der inhaltlichen Problematik des ›Entscheidungsbegriffs‹ sollte man meiner Meinung nach besser von ›zum Glauben kommen‹ bzw. ›den Glauben annehmen‹ sprechen[47] oder – allgemeiner und einen anderen Aspekt betonend – von Jesusfrömmigkeit.

Auch hier sei auf zwei Probleme hingewiesen: Möglicherweise erschwert die Betonung des persönlichen Glaubens, dass Themen mit universalem Horizont (wie beispielsweise die Entwicklung einer Spiritualität der Schöpfung) mehr Raum gewinnen. Außerdem bleibt zu fragen, ob die häufige Rede vom *›persönlichen Glauben‹* nicht einen Pleonasmus darstellt, da Glauben (im biblischen Sinn des Vertrauens) immer persönlich ist – es geht dabei um die existenzielle Betroffenheit des Einzelnen, des Individuums.[48]

2. Das Gewissen des Einzelnen

Die Entstehung der ersten Freien evangelischen Gemeinde wird als »Act des Gewissens« verstanden.[49] Damit lag ihr Gründer ganz im Geist seiner Zeit. Diese Betonung des Gewissens zieht sich bis heute durch die DNA der Freien evangelischen Gemeinden. So heißt es in der 2018 beschlossenen Neuformulierung der Verfassung (wie oben bereits erwähnt): »In Fragen der Schriftauslegung und praktischen Anwendung der Heiligen Schrift wird das an Gottes Wort gebundene Gewissen des Einzelnen geachtet.«[50] Und zum Taufverständnis heißt es in den Leitsätzen zur

45 Iff, Wurzeln und Gestalt, 667. Er zitiert Wilfried Joest, Ontologie der Person bei Luther, Göttingen 1967, 313.

46 Iff, Wurzeln und Gestalt, 666.

47 Die Herausforderung dabei besteht darin, theologisch angemessene und gleichzeitig prägnante und griffige Wendungen zu findet, die theologisch problematische Begriffe und Wendungen ersetzen.

48 Vgl. Iff, Wurzeln und Gestalt, 666.

49 So heißt es im Austrittsschreiben Grafes aus der reformierten Gemeinde Elberfeld »Wir bitten Sie daher, […], unsern Austritt als einen Act des Gewißens anzusehen […]« (GuTh, Band 1, 218), und entsprechend lauten die Titel der ersten beiden Bände zur Geschichte und Theologie der Freien evangelischen Gemeinden: Dietrich, Ein Act des Gewissens, GuTh, Band 1 und 2, Witten 1988.

50 https://feg.de/verfassung/ (28.11.2019).

Taufe in Freien evangelischen Gemeinden: »Wir sehen eine Taufhandlung, bei der der persönliche Glaube des Täuflings fehlt, nicht als Taufe an. Darum ist die Taufe aufgrund des Glaubens keine Wiedertaufe. Taufe ist unwiederholbar. Wenn jemand bereits als Säugling getauft wurde und aufgrund einer vor Gott getroffenen Gewissensentscheidung darin seine Taufe sieht, wird diese Überzeugung geachtet.«[51] Hier wäre es lohnenswert, die Betonung des Gewissens nicht bloß aus der Tradition zu übernehmen, sondern sie auch biblisch zu begründen.[52]

V. Heiligung bzw. Nachfolge

In Freien evangelischen Gemeinden hat sich das Thema Heiligung bzw. Nachfolge seit den Anfängen etabliert. Die Musterordnung für Freie evangelische Gemeinden formuliert unter 3.1: »Erwartet wird, dass Wirkungen dieses Glaubens durch den Heiligen Geist im Leben des Gemeindemitglieds sichtbar werden.«[53] Ganz ähnlich schreiben Hörsting und Strauch: »Es reicht eben nicht, das Wort Gottes zu hören, wir müssen es auch tun.«[54] Es wird also das ›Lebenszeugnis‹ der Christen betont, denn ohne dieses sei der Glaube tot.[55] Noch einmal Ansgar Hörsting: »Lebendige Gemeinden betonen, dass Glaube an Jesus mehr ist, als zu glauben, dass die Sünden vergeben sind. Glaube bedeutet, Jesus zu folgen und das Leben nach ihm auszurichten. Das ist ein lebenslanger Prozess und jeder braucht Unterstützung und Ermutigung darin.«[56] Folglich gibt es im Standardwerk ›Typisch FeG‹ auch ein Unterkapitel zum Thema ›Gemeindezucht‹.[57] Man findet dort Fragen wie: »Leben wir, was wir glauben?« mit dem Hinweis auf Mt 7,24.[58] Denn »Glaube bedeutet, Jesus zu folgen und das Leben

51 https://downloads.feg.de/FeG-Texte_1982_Taufe.pdf (28.11.2019).

52 Siehe u.a. 1Kor 10,23ff. Ich verweise hier z.B. auf Hans-Joachim Eckstein, Der Begriff Syneidesis bei Paulus. Eine neutestamentlich-exegetische Untersuchung zum ›Gewissensbegriff‹, WUNT 2/10, Tübingen 1983.

53 https://downloads.feg.de/Gemeindeordnung_2017.pdf (28.11.2019). Für Grafe befindet sich der Mensch »im Zustand des auszuhaltenden Seinszwiespalts« zwischen altem und neuem Menschen. Gleichzeitig, also mit der Erkenntnis dieses Dualismus, verbindet Grafe den Willen zur Heiligung. Vgl. Heinrichs, Spiritualität, 68f.

54 Strauch/Hörsting, FeG, 10.

55 Siehe ebd., 41f.

56 Ebd., 201.

57 Vgl. ebd., 69–78!

58 Ebd., 188.

nach ihm auszurichten.«[59] Gleichzeitig wird auch gesagt: »Je frommer wir uns geben, desto konfliktanfälliger sind wir«.[60] Hier zeigt sich ein Spannungsfeld, das sich aus dem Verhältnis zwischen Zuspruch und Anspruch Jesu Christi ergibt. Möglicherweise besteht die Herausforderung, ja die Kunst gerade darin, diese Spannung nicht in eine Richtung aufzulösen. Mit anderen Worten: Man sollte das Thema ›Nachfolge‹[61] nicht aufgeben, sich aber durchaus der damit verbundenen theologischen Gefahren (im Anschluss an Dietrich Bonhoeffer)[62] bewusst sein. Das Thema ›Heiligung‹ findet sich auch bei anderen Freikirchen –zum Beispiel in der schönen Wendung der Evangelisch-methodistischen Kirche ›gelebte Gnade‹.[63]

VI. Protestantische Bußfrömmigkeit

Die enge Verbindung der Freien evangelischen Gemeinden mit dem Pietismus brachte auch eine bestimmte Glaubenspraxis mit sich, die man als ›protestantische Bußfrömmigkeit‹ beschreiben kann.[64] Hierbei spielt

59 Ebd., 201.

60 Ebd., 124.

61 Dieser Begriff ist nach meinem Empfinden angemessener und positiver besetzt als der Begriff >Heiligung<, denn durch ihn wird Christus als Bezugspunkt deutlich. Man könnte auch den Begriff der ›Jüngerschaft‹ verwenden. Beide Begriffe überschneiden sich und setzen leicht unterschiedliche Akzente. Nachfolge betont eher alle »Aspekte von Jesu Sendung und Lebensstil«, Jüngerschaft eher »die vertrauensvolle Beziehung und die unmittelbare Bekanntschaft Jesu«; vgl. Iff, Wurzeln und Gestalt, 663. Dabei wird Nachfolge in Freien evangelischen Gemeinden meist auf die eigene Innerlichkeit bezogen und weniger als Orientierung an der ›Für-Existenz‹ Jesu verstanden. Anders Iff, a.a.O., 667. Ferner sei auf eine Grundüberzeugung der Mennoniten verwiesen: »Niemand mag wahrlich Christus erkennen, es sei denn, dass er ihm nachfolge mit dem Leben. Und niemand mag ihm nachfolgen, es sei denn, dass er ihn vorher erkennt«; Mennonitisches Gesangbuch Nr. 789, hg. von der Arbeitsgemeinschaft Mennonitischer Gemeinden in Deutschland sowie der Konferenz der Mennoniten in der Schweiz, Memmingen ²2015, 1209 (Der Text stammt von Hans Denk, der von ca. 1500 bis 1527 n.Chr. lebte).

62 Siehe DBW, Bd. 8, 542.

63 Walter Klaiber/Manfred Marquardt, Gelebte Gnade. Grundriss einer Theologie der Evangelisch-methodistischen Kirche, Göttingen ²2006.

64 Dies gilt m.E. auch für Hermann Heinrich Grafe, beispielsweise in seinem Lied aus dem Jahr 1860: »Darf ich wiederkommen mit der gleichen Schuld?/ Hast Du nicht verloren endlich die Geduld?/ Ist denn deine Gnade also täglich neu,/ dass du willst vergeben, auch so oft es sei?« Gemeindelieder, Wuppertal/Kassel und Witten 1978, Nr. 348 (Liederbuch der Evangelisch-Freikirchlichen und der Freien evangelischen Gemeinden). Siehe auch: Gesangbuch der Neuapostolischen Kirche http://www.nak-gesangbuch.de/index.php?html=dengbhym124 (28.11.2019).

das Schuldbewusstsein der Menschen eine zentrale Rolle. Das Schuld- bzw. Sündenbewusstsein ist Bedingung für den Heilsglauben. »Man konnte der Erlösung gewiß sein nur in dem Maße, in dem man sich selbst als Sünder identifizierte und sich daher seiner Abhängigkeit von der Gnade Gottes bewußt wurde, wie der Zöllner im 18. Kapitel des Lukasevangeliums.«[65] Die Reue über Sünde und Schuld wird dabei »zur grundlegenden und dauernden Bedingung für die Echtheit des Glaubens an das Evangelium der Sündenvergebung und damit für die Gemeinschaft mit Gott«.[66] Hier wird die forensische Gerechtigkeit, die Gott in Glaube und Taufe zuspricht, durch ein anderes theologisches System ersetzt, das Teilhabe an der Rechtfertigung nur im immer neuen Empfang des göttlichen Zuspruchs der Vergebung ermöglicht.[67] Die Folge ist eine Überbetonung der Buße und damit ein immerwährender Kreislauf von Sünde und Vergebung. Dass dies gar nicht das ursprüngliche Ziel dieses Frömmigkeitstyps war (sondern vielmehr die Begründung einer neuen Identität des einzelnen Menschen in der Freiheit eines Christenmenschen[68]), steht auf einem anderen Blatt. Das Ergebnis dieser Entwicklung war auf jeden Fall fatal.[69] Denn in einem solchen System muss das Sündenbewusstsein »auf dem Siedepunkt gehalten werden.«[70] Dies zeigt sich zum Beispiel an bestimmten Bibelversen, die in dieser Frömmigkeit eine besondere Rolle spielen. (Jede Spiritualität sucht und findet die zu ihr passenden Bibelstellen.) Eine Kardinalstelle für die Bußfrömmigkeit und das damit zusammenhängende Menschenbild war und ist Gen 6,5: »Der Herr aber sah, dass die Bosheit des Menschen groß war auf Erden und dass alles Sinnen und Trachten seines Herzens allezeit nur böse war.« [71] Zwar löst sich auch diese Prägung immer mehr auf und verliert an Bedeutung (dies beschrieb Wolfhart Pannenberg für die evangelischen Landeskirchen

65 Pannenberg, Spiritualität, 11.

66 Ebd., 13.

67 Vgl. ebd., 15. »In Luthers Theologie hatte die Taufe eine neue Existenz des Individuums außerhalb seiner selbst in Christus begründet, und christliche Buße war für ihn nichts anderes als eine fortgesetzte Aneignung des in der Taufe Geschehenen«; ebd.

68 Vgl. ebd., 17.

69 Diese Haltung führt bei Menschen laut Pannenberg zu einer andauernden (oder: dauerhaften) Nichtidentität; ebd., 13.

70 Ebd., 18.

71 Man beachte, wie Gen 8 diese Aussage nach der Flut auf dreifache Weise abmildert: Die Begriffe ›alles‹, ›nur‹ und ›Sinnen/Gedanken‹ werden gestrichen, so dass es in Gen 8,21 heißt: »Denn das Trachten des Menschenherzens ist böse von Jugend an.« (Beide Übersetzungen nach der Zürcher Bibel 2007)

schon im Jahr 1986[72]); dieser Prozess wird aber umso mehr begleitet von der Angst der vornehmlich älteren Generation vor Identitätsverlust – und auch von Gegenbewegungen einzelner Gemeinden. Bisweilen begegnen uns Versatzstücke dieser traditionellen Bußfrömmigkeit in neuen Gewändern, zum Beispiel in modernen Lobpreisliedern. So heißt es in dem Lied ›Wo ich auch stehe, du warst schon da‹[73] aus dem Jahr 1994 von Albert Frey: »Ich danke dir, dass du mich kennst und trotzdem liebst« (Hervorhebung J.W.). Dieses »trotzdem« zeigt meiner Meinung nach das Erbe der Bußfrömmigkeit (auch wenn Albert Frey nicht dem Protestantismus zuzuordnen ist). Als zweites Beispiel sei auf das Lied ›The Look (I saw one hanging on a tree in agony)‹[74] verwiesen (2001). Der Liedtext lautet:

> 1. I saw one hanging on a tree, in agony and blood,
> He fixed his loving eyes on me as near His cross I stood.
> And never till my dying breath will I forget that look.
> It seemed to charge me with His death, though not a word He spoke.
>
> Refrain: Forever etched upon my mind
> is the look of Him who died,
> the Lamb I crucified.
> And now my life will sing the praise
> of pure atoning grace,
> that looked on me and gladly took my place.

72 Dies geschieht fast zwangsläufig. Denn es musste »unvermeidlich zu einer Krise der Frömmigkeit kommen, wenn diese Voraussetzung ihre selbstverständliche Plausibilität verlor infolge von Änderungen im Menschenbild, in deren Konsequenz das göttliche Gesetz als weniger bedrohlich und Gott selbst mehr als fürsorgender Vater denn als unerbittlicher Richter erschien. […] In einer geschichtlichen Welt, die durch ein optimistischeres Bild vom Menschen bestimmt wurde, mußte der Versuch immer angestrengter und fremdartiger wirken, durch die Bedrohung mit dem göttlichen Gesetz ein Sündenbewußtsein zu erzeugen, das keine Basis in der menschlichen Selbsterfahrung mehr hatte, und das bei Menschen, für die es sich nicht mehr von selbst verstand, daß der göttliche Wille ihnen tatsächlich so bedrohlich entgegentrat«; Pannenberg, Spiritualität, 18.

73 Feiern & Loben, 416.

74 Feiert Jesus 3, Holzgerlingen 2005, Nr. 218. Text und Melodie: John Newton/Bob Kauflin 2001. Der Text bzw. große Teile des Textes stammen von John Newton (1725–1807) und es hatte ursprünglich noch mehr Strophen. So ist der aktuelle Beginn ursprünglich Strophe 2. Außerdem wurde der Text von Bob Kauflin bearbeitet. Newton ist auch der Autor von ›Amazing Grace‹.

2. My conscience felt and owned the guilt, and plunged me in despair:
I saw my sins His blood had spilt and helped to nail Him there.
But with a second look He said, »I freely all forgive.
This blood is for your ransom paid. I died that you might live.«

3. Thus while His death my sin displays for all the world to view,
such is the mystery of grace: It seals my pardon, too.
With pleasing grief and mournful joy, my spirit now is filled,
that I should such a life destroy yet live by Him I killed.

Jesus am Kreuz blickt die Gemeinde mit einem durchdringenden Blick an – dieser Blick! Und die Gemeinde bekennt: »Ich habe ihn gekreuzigt... Ich sah meine Sünden, die ihn dort ans Kreuz genagelt haben.« Bezeichnenderweise stammt die Grundform des Textes aus dem 18. Jahrhundert. Er wurde neu vertont, wodurch die darin beschriebene Frömmigkeit wieder auflebt. Solche Texte zeigen, dass das Thema Schuld in freikirchlich geprägter Spiritualität noch immer dominant ist. Angemessen wäre auch hier eine differenzierte theologische Sichtweise, diesmal bezogen auf den Menschen: Er ist *auch* Sünder, aber nicht *nur*.

VII. Ein missionarischer Lebensstil

Das Thema ›Mission und Evangelisation‹ ist Freien evangelischen Gemeinden seit jeher bedeutsam.[75] In der Gründungszeit gab es eine Kooperation mit dem ›Evangelischen Brüderverein‹, der Missionare entsandte, und bis heute besitzt dieses Thema hohe Priorität. Dies zeigt sich auch an der engen Zusammenarbeit mit der Allianz-Mission[76] und an der aktuellen Gründung eines ›Praxisinstituts Evangelisation‹.[77] Dieser Schwerpunkt zieht sich bis in die Ortsgemeinden hinein. So ist z.B. von einem ›missionarischen Lebensstil‹[78] die Rede, der die Gemeinde prägt (bzw. prägen soll). Ansgar Hörsting formuliert es folgendermaßen: »Lebendige Gemeinden sind Teil von Gottes weltweiter Mission und wirken an ihr mit.«[79] Und weiter: »Lebendige Gemeinden verkündigen Jesus

75 Schon die erste FeG war beispielsweise vom Missionseifer eines Robert Haldane bzw. des Genfer Reveil geprägt; siehe Iff, Wurzeln und Gestalt, 654f.

76 Siehe https://www.allianz-mission.de/ (28.11.2019).

77 Siehe https://evangelisation.feg.de/ (28.11.2019).

78 Zu den historischen Wurzeln siehe Iff, Wurzeln, 58.

79 Strauch/Hörsting, FeG, 200. Es folgt eine Ausführung: »Die Mission Gottes, die in Jesus begann, findet bis heute ihre Fortsetzung. Überall wirkt Gott und sein Evangelium verändert Menschen. Gemeinden entstehen weltweit.

Christus für Menschen, die ihn noch nicht kennen.«[80] Kirche ist Mission.[81] Aus diesem Sein erwächst das Wirken. Theologisch gilt es festzuhalten, dass dem missionarischen Wirken immer das Wirken Gottes bzw. des Geistes Gottes vorausgeht und es begleitet *(missio Dei)*. Wenn man Fulbert Steffensky zustimmt, »Mission heißt, zeigen, was man liebt«,[82] dann kann ein fruchtbringendes Miteinander von Mission und Spiritualität entstehen. Da das Thema Mission heute auch ökumenisch wieder breit diskutiert wird, sind spannende und nötige Diskurse zu erwarten.[83]

VIII. Neuere Entwicklungen

1. Charismatische Einflüsse – Stichwort ›Generation Lobpreis‹[84]

Seit etwa zwanzig Jahren – so meine Beobachtung – hat die charismatische Bewegung (vor allem durch ihr Liedgut) Einzug in Freie evangelische Gemeinden gehalten. Möglicherweise gibt es deshalb im Standardwerk

Lebendige Gemeinden kennen ihre Rolle in diesem göttlichen Wirken und übernehmen sie«; ebd.

80 Ebd. »Es lässt eine Gemeinde nicht in Ruhe, dass Menschen ohne angemessene Informationen über Jesus Christus leben und sterben. Oft leben sie in derselben Stadt, oft ganz woanders. Ihnen, die in der Gemeinde keine Stimme haben, weil sie (noch) nicht da sind, gilt die Aufmerksamkeit«; ebd.

81 Vgl. Walter Klaiber, Das Johannesevangelium, Teilband 2: Joh 11,1–21,25, Die Botschaft des Neuen Testaments, Göttingen 2018, 306: »Kirche ist gesandt, Kirche ist Mission. Das ist die Botschaft des Johannes. Darum ist nicht zuerst die missionarische Aktion im Blick, sondern eine missionarische Existenz, in der die in der Gemeinde gelebte Liebe andere zum Vertrauen auf die Liebe Gottes anleitet. Damit wird das, was die Kirchen heute an missionarischen und diakonischen Möglichkeiten haben und in vielen Aktionen wahrnehmen, nicht für unnötig erklärt. Aber es wird daran erinnert, was das Herzstück dieses Tuns ist: die Liebe Gottes, die allen gilt.«

82 Siehe dazu: Jochen Wagner, Kirche sein und werden – Impulse aus freikirchlicher Perspektive, futur2 (2018); http://www.futur2.org/article/kirche-sein-und-werden-impulse-aus-freikirchlicher-perspektive/ (18.9.2019). Das Zitat von Fulbert Steffensky ist entnommen aus: Fulbert Steffensky, »Der Seele Raum geben – Kirchen als Orte der Besinnung und Ermutigung«, in der Broschüre der EKD mit gleichnamigem Titel, Hannover 2003, 13.

83 Die Naherwartung bzw. die große Bedeutung der Eschatologie hat m.E. an Gewicht verloren, weshalb ich sie hier nicht aufgenommen habe.

84 Siehe Tobias Faix/Tobias Künkler, Generation Lobpreis und die Zukunft der Kirche. Das Buch zur empirica Jugendstudie 2018, Neukirchen-Vluyn ^{2}2019. Ferner sei auf die in der ZThG 24 (2019) veröffentlichten Vorträge des Symposions ›Hauptsache der Sound stimmt. Gemeinde im Spannungsfeld von Attraktivität und Konfessionalität‹ verwiesen (185–317).

›Typisch FeG‹ ein eigenes Kapitel zur ›charismatischen Frage‹[85] (das ursprünglich Teil des Buches war, dann gestrichen und jetzt wieder hineingenommen worden ist).[86] Wie bereits angemerkt, zeigen sich die Einflüsse vornehmlich dadurch, dass Anbetungs- bzw. Lobpreiszeiten einen immer größeren Raum in den Gottesdiensten einnehmen. An vielen Orten ist die Anbetungszeit bereits »zu einem Ritual innerhalb des Gottesdienstgeschehens« geworden.[87] Man kann die Form der Anbetungszeit als Praxis der Emotionalisierung des Glaubens beschreiben, die eine gefühlsgeladene Atmosphäre erzeugt und dem ›Glaubenswissen‹ die Evidenz der Erfahrung verleiht.[88] Fromme Gefühle (›fromm‹ wird hier ausdrücklich nicht negativ verstanden) werden kultiviert. Dies ist insofern anschlussfähig und in gewisser Weise eine Weiterentwicklung der pietistischen Wurzeln, als es auch dort eine bestimmte Art der ›Gefühlskultur‹ gab und gibt.[89] Gleichzeitig wird diese Entwicklung von nicht wenigen kritisch gesehen. So haben sich bereits einige Theologen und Musiker am Liedgut dieser ›Generation Lobpreis‹ abgearbeitet – angefangen von der Fokussierung auf das Individuum (›ich, mir, mein‹ statt ›wir, uns‹ usw.[90]) über Vorwürfe der Weltflucht (die Texte seien vom übrigen Leben abgespalten, wie Kriegsmetaphoriken und ein Disneyland-Royalismus zeigten[91]) und des »einseitigen Gottesbildes«[92] bis hin zur Kritik, dass in den Liedern nur das Lob ›auf der Höhe‹, nicht auch das Lob ›in der Tiefe‹, vorkäme.[93] Die Bewertungen reichen ferner von »(mono)thematisch«,

85 Siehe Strauch/Hörsting, FeG, 158–176.

86 Siehe ebd., 158.

87 Thomas Niedballa, Der spirituelle Mensch und die Sehnsucht nach Lobpreis, ZThG 24 (2019), 173(174f.). Dort finden sich auch Hinweise auf weitere Literatur zu diesem Thema (182f.).

88 Ich wende hier Begriffe von Krause, Bekehrungsfrömmigkeit, 286 auf die Anbetungszeiten an.

89 Für Krause, ebd., 299 geht mit der Frömmigkeit bekehrungsfrommer Milieus eine Gefühlskultur einher, die sie von anderen christlichen Traditionen oder Arten gelebter Religion unterscheidet. »Als verleiblichte Bewertungen nämlich gewinnen Gefühle eine vermittelnde Position zwischen Deutungen und Praktiken, weshalb sie letztlich ein Schlüssel zum Verständnis von Weltsichten und Lebensformen sind«; ebd.

90 Siehe Stefan Klöckner, Die Teflon-Strategie. Flucht vor der Krise – »wir worshippen jetzt«, GuL 92 (2019), 258 und v.a. 261.

91 Vgl. Niedballa, Lobpreis, 174, der einige weitere Personen bzw. Quellen anführt, die diese Einschätzung teilen.

92 Ebd., 178.

93 Siehe Michael Herbst, Das Gotteslob. 20 angriffslustige und angreifbare Thesen zu einer umstrittenen Frage – aus praktisch-theologischer Sicht, ThBeitr 50 (2019), 57.

»atmosphärisch verengt« und »an Schlichtheit [kaum] zu überbieten«[94] bis hin zu dem Urteil: »Süßliche Melodien hinterlassen nicht selten ein heftiges ästhetisches Sodbrennen«.[95] Die meisten dieser Kritikpunkte sind überzeugend – allerdings nicht die grundlegend ablehnende Haltung der Autoren. Denn m.E. muss es um eine *kritische Aufnahme* dieser neuen Entwicklungen gehen. Die Frage sollte lauten: Welche berechtigten Anliegen greift diese Musik auf, und wo macht sie auf einen Mangel in der bisherigen Gestaltung der Gottesdienste aufmerksam?

Exkurs

Das Thema Musik bzw. Kirchenmusik bietet weitere Facetten. So wäre es eine lohnende Aufgabe, die Spiritualität einer Kirche anhand ihres (sich verändernden) Liedgutes nachzuzeichnen. Im Fall des BFeG hieße das: Wie unterscheiden sich beispielsweise die Lieder Hermann Heinrich Grafes von den Liedern, die Peter Strauch gedichtet hat?[96] Was wird dadurch an theologischer Entwicklung deutlich?

Möglicherweise stellt die großflächige Etablierung von emotionsgeladenen Anbetungszeiten eine Überkompensation der vorher relativ nüchternen (um nicht zu sagen: emotionslosen) Art und Weise der Gottesdienstfeier dar. Bis auf das Ohr (entsprechend dem reformatorischen Selbstverständnis als Kirche des Wortes) wurden wenige bis keine Sinne angesprochen. Man kann also bei aller berechtigten Kritik an der Lobpreiskultur sagen: Mehr davon – und zwar auch in der Breite! Mehr Sinneswahrnehmungen müssen ermöglicht werden. Die Kirche des Wortes braucht auch Bilder! Und warum keine liturgischen Farben? Warum keine Symbole und Symbolhandlungen? Zudem muss die Frage erlaubt sein, was gegen eine partielle Weltflucht spricht. Fast jeder Kinofilm entführt uns für eine gewisse Zeit in eine Parallelwelt – eine heile Welt. Auch die oft gescholtene Schlagermusik agiert ähnlich und hat m.E. hier und da ihre Berechtigung. Und bietet nicht jeder Kirchenbau auch ein Stück Auszeit und Weltflucht? Die Betonung bzw. Neuentdeckung der Anbetung haben durchaus ihre Berechtigung.[97] Lieder sind nicht

94 Alles bei Herbst, Gotteslob, ThBeitr 50 (2019), 56f. »Textlich können wir feststellen, dass die Anbetungslieder die Gebrochenheit und Andersartigkeit des Lebens, die Andersartigkeit des Geheimnisses Gottes und die Begrenzung der Menschen im Überschwang ignorieren«; Niedballa, Lobpreis, 179.

95 Klöckner, Teflon-Strategie, 261.

96 Zum Beispiel könnte man die Abendmahlslieder untersuchen, etwa Grafes ›Wir wollen deinen Tod verkünden‹ (Feiern & Loben, 146) und Peter Strauchs ›Jesus nahm das Brot und gab es seinen Jüngern‹ (Ich will dir danken! Lieder für die Gemeinde, Neuhausen-Stuttgart [9]1991, Nr. 117).

97 Ich verweise an dieser Stelle auf einen möglichen Zusammenhang von ›Praise and

bloß Lückenfüller. Das Ziel der Beschäftigung mit dieser Entwicklung sollte folglich eine differenzierte Betrachtung und damit auch eine reflektierte Aufnahme von sogenannten Lobpreis-Liedern sein.[98] Hier befinden sich Freie evangelische Gemeinden meines Erachtens mitten in einem Veränderungsprozess. In diesem Zusammenhang muss die Initiative ›Begegnungsforum Heiliger Geist‹ im BFeG genannt werden, die eine stärkere Beschäftigung mit charismatischen Impulsen anzeigt.[99]

2. Verbindung von Innerlichkeit und Weltverantwortung

In den vergangenen Jahren hat sich die Spiritualität in Freien evangelischen Gemeinden mehr in Richtung diakonisches Handeln und Weltverantwortung der Christen entwickelt. Beispiele sind der ›Gesprächskreis für soziale Fragen im Bund FeG‹[100] sowie die ›Micha-Initiative‹.[101] Letztere geht freilich weit über den BFeG hinaus, ist jedoch in einer ähnlichen Frömmigkeitsrichtung verortet. Dies zeigt, dass die klassischen Themen des ›konziliaren Prozesses für Gerechtigkeit, Frieden und Bewahrung der Schöpfung‹ an Bedeutung gewonnen haben. Die alten Gräben und scheinbaren Gegensätze zwischen Glaube und Handeln scheinen weitgehend überwunden zu sein. Herzensfrömmigkeit und soziales sowie politisches Engagement werden immer mehr miteinander in Verbindung gebracht.[102] In diesen Zusammenhang gehört im weitesten Sinn wohl auch die Öffnung gegenüber der christlichen Ökumene.[103]

presence‹, also dem Lob und der Gegenwart Gottes, siehe hierzu Gabriele Braun, God's Praise and God's Presence – Is There a Connection, EJT 27 (2018), 119–129.

98 Siehe Andreas Scheuermann, ›Praise and Worship-Musik‹ im Gottesdienst. Elf Thesen, drei präzisierende Fragen und eine Beobachtung zu einem umstrittenen kirchenmusikalischen Phänomen, ThBeitr 50 (2019), 239–247.

99 Siehe https://feg.de/initiativen/ (28.11.2019).

100 Siehe https://feg.de/bundesbereiche/soziale-fragen/ (28.11.2019).

101 Siehe https://www.micha-initiative.de/ (28.11.2019).

102 Die Studie ›Evangelische Spiritualität‹ der EKD aus dem Jahr 1979 spricht von »drei Strängen erneuerter Spiritualität: a) von der bibelorientierten, evangelistischen Spiritualität […]; b) von der liturgischen, meditativen Spiritualität«; und »c) von der emanzipatorisch-politischen Spiritualität«; Evangelische Spiritualität. Überlegungen und Anstöße zur Neuorientierung, hrsg. im Auftrage des Rates der EKD, Gütersloh 1979, 13. Da man unter c) auch die Solidarität und den Einsatz für die Armen einordnet, könnte man sagen, dass die Punkte a und c miteinander verbunden werden.

103 So hat der Bundestag, das höchste Gremium des BFeG, am 28. September 2019 beschlossen, einen Antrag auf Vollmitgliedschaft in der Arbeitsgemeinschaft Christlicher Kirchen in Deutschland zu stellen.

3. Wachsende Vielfalt

Grundlegend lässt sich eine größere Vielfalt in den Formen gelebten Glaubens beobachten; dies zeigen die beiden zuvor genannten Punkte exemplarisch. So können in einer Frei-evangelischen Gemeinde das Jesusgebet und andere liturgische Formen praktiziert werden; in der nächsten Charismatik und Sprachengebet; und in einer anderen Strenggläubigkeit und Fundamentalimus. Dazwischen gibt es vielfältige Abstufungen. Diese Ausdifferenzierung beinhaltet auch, dass bestimmte Lebensformen bzw. ethische Positionen nicht mehr selbstverständlich Ausdruck eines freikirchlichen Glaubens sind.

IX. Das Ziel

Das Ziel von freikirchlicher Spiritualität[104] (und Theologie) muss es m.E. sein, dass Menschen in ihr Befreiung erfahren. Dabei wird es die Aufgabe der freikirchlichen Theologinnen und Theologen sein, Möglichkeiten dafür herauszuarbeiten und alle traditionellen Elemente an diesem Kriterium zu prüfen.[105]

104 Eine eingehende Untersuchung der Vielfalt freikirchlicher Spiritualität(en) steht noch aus.

105 Ausgehend von einem Zentrum wie der Rechtfertigungslehre bzw. dem Kern des Evangeliumsverständnisses der Leuenberger Konkordie (LK 6–13) wäre eine große Vielfalt möglich, ganz im Sinn einer ›Kirche der Freiheit‹.

III. Konkrete Beispiele

1. Monastische Spiritualität

Franziskus Joest

I. Einleitung

›Monastische Spiritualität‹ – dieser Titel scheint ziemlich allumfassend zu sein. Er zielt auf die Spiritualität des Mönchtums. Aber von welchem Mönchtum reden wir? Von den Wüstenvätern und -müttern Ägyptens[1]? Von den Säulenstehern in Syrien[2]? Von den Kleinbruderschaften Basileios des Großen[3]? Von den Klerikerkommunitäten Augustins[4]? Oder von den Großklöstern eines Pachom oder Pachomius[5] oder eines Benedikt von Nursia[6]? Es wären noch mehr Typen und Untertypen von Mönchtum anzuführen, und alle haben sie bei genauerem Hinsehen ihre je eigene Spiritualität. Ich werde mich deshalb im Wesentlichen auf die *Regula Benedicti* beschränken, weil sie in unserem Kulturraum am einflussreichsten war und immer noch ist. Zuerst möchte ich aber in ein

1 Dazu gut lesbar: Hans Zander, Als die Religion noch nicht langweilig war. Die Geschichte der Wüstenväter, Köln ²2001, 13–152; Günther Schulz/Jürgen Ziemer, Mit Wüstenvätern und Wüstenmüttern im Gespräch. Zugänge zur Welt des frühen Mönchtums in Ägypten, Göttingen 2010.

2 Siehe dazu die ausgezeichnete Darstellung bei Zander, Religion, 201–285.

3 Dazu: Ernst Suttner, Das basilianische Mönchtum – Lebenszelle der Kirche, in: Albert Rauch/Paul Imhof (Hrsg.), Basilius, Heiliger der Einen Kirche. Regensburger Ökumenisches Symposion. Im Auftrag der Ökumene-Konferenz der Deutschen Bischofskonferenz 16. 7. bis 21. 7. 1979, München 1981, 109–126; siehe auch die Einleitung zu Karl Suso Frank (Hrsg.), Basilius von Caesarea. Mönchsregeln, Sankt Ottilien ²2010, 7–75. Ein Regelvergleich zwischen Pachom und Basileios zeigt sehr schön unterschiedliche Spiritualitäten innerhalb der monastischen Bewegung, siehe Christoph Joest, Pachom (287–347) und Basileios der Große (330–379). Vergleich zweier Persönlichkeiten anhand ihrer Regeln, in: ZKG 128 (2017), 289–304.

4 Adolar Zumkeller, Das Mönchtum des heiligen Augustinus, Würzburg ²1968.

5 Christoph Joest, Das Leben des heiligen Pachom und seiner Nachfolger. Aus dem Koptischen übersetzt v. Christoph Joest, Weisungen der Väter 24, Beuron 2016.

6 Immer noch empfehlenswert ist die antike Lebensbeschreibung Benedikts, auf der alle modernen Viten des Heiligen beruhen: Gregor der Große, Der heilige Benedikt. Buch II der Dialoge, lateinisch / deutsch, hg. im Auftrag der Salzburger Äbtekonferenz, St. Ottilien 1995.

paar kurzen Abschnitten auf den Quellpunkt des Mönchtums zu sprechen kommen, auf den innersten Herzschlag, der allen Gestalten und Gestaltungen des monastischen Lebens gemeinsam ist.

II. Der Herzschlag des Mönchtums

Ein Satz von Theodoret von Kyrrhos (ca. 393 – ca. 458) charakterisiert, was Mönchtum im Herzen ist, was einen Menschen bewegen kann, Mönch oder Nonne zu werden, und was man dadurch leben will. Theodoret schreibt: »Wir wurden geliebt und lieben nur wieder.« Wenn man es verfehlt, diese Liebe zu erkennen, verfehlt man den Zugang zum gesamten Mönchtum überhaupt. Deshalb schreibt die Benediktinerin Corona Bamberg: »Diese ernsten Schweiger [waren] einfach Liebende, die große Worte scheuen, gerade weil sie betroffen waren von Gott bis ins Innerste hinein.«[7] Diese innerste Betroffenheit von der Liebe Gottes ist der Herzschlag des Mönchtums. Es ist die »Sehnsucht nach der Urkirche, [...] die Sehnsucht nach Gottes Reich, dem nichts vorgezogen werden soll, die Sehnsucht, die zum Allesverlassen drängt bis hin zum Martyrium um dieses Letztgültigen willen, demgegenüber die irdischen Dinge verblassen.«[8] Es ist, wenn man so will, radikale Liebe.

III. Die Regula Benedicti

Die ganze Existenz des Mönchs oder der Nonne will Antwort sein – Antwort auf die Herausforderung der Liebe. Aber weil die Menschen so verschieden sind, weil Zeiten, Orte und Kulturen so vielfältig sind, darum fällt diese existenziell gelebte Antwort der Liebe so unterschiedlich aus. Das ist gar kein Schade, sondern bereichert die Kirche nur. Um daher unser Thema einzugrenzen, will ich mich, wie gesagt, auf die Regel des heiligen Benedikt (ca. 480/490 – ca. 547) beschränken.[9] Sie hat nicht nur den Vorzug, dass sie in unserem westlichen Kulturraum *die* prägende und bis heute wirksame Ordensregel ist, sondern sie fasst in sich auch die vorher-

7 Corona Bamberg, Was Menschsein kostet. Aus der Erfahrung des frühen Mönchtums gedeutet, Würzburg 1971, 24.

8 Corona Bamberg, Unter der Führung des Evangeliums. Dem Gedächtnis Sankt Benedikts 480–1980, Würzburg 1980, 11.

9 Textausgabe: Regula Benedicti. Die Benediktusregel lateinisch / deutsch, hg. im Auftrag der Salzburger Äbtekonferenz, Beuron [5]2011. Als Kommentare empfehlenswert: Die Benediktsregel. Eine Anleitung zum christlichen Leben. Der vollständige Text der Regel übersetzt und erklärt von Georg Holzherr, em. Abt

gehenden Überlieferungen des Mönchtums zusammen – von Pachom[10] über Basileios (den Benedikt ausdrücklich nennt) und Augustinus bis hin zu Johannes Cassianus (auf den er indirekt durch Nennung seiner Werke anspielt). Aber selbst bei der Darstellung der *Regula Benedicti* muss ich mich begrenzen, weil es sehr viele Themen gibt, die man hervorheben könnte und die eine ausführliche Behandlung verdienen würden. Genug der Vorrede! Wir fragen nun: Wie kommt das Grundaxiom: »Wir wurden geliebt und lieben nur wieder« in der Regel des heiligen Benedikt zum Ausdruck?

IV. Ganz Ohr sein für Gott

Hören wir zunächst einige Verse aus dem *Prolog*, der Einleitung, die Benedikt selbst seiner Regel voranstellte:

> »Höre, mein Sohn, auf die Weisung des Meisters, neige das Ohr deines Herzens, nimm den Zuspruch des gütigen Vaters willig an und erfülle ihn durch die Tat! So kehrst du durch die Mühe des Gehorsams zu dem zurück, den du durch die Trägheit des Ungehorsams verlassen hast…« (RB Prol 1–2)[11]

Schon die ersten Worte sind bezeichnend: »Höre, mein Sohn«. Das Hören steht betont am Anfang. Im geistlichen Leben gilt es, zuerst hinzu*hören, den Ruf zu hören, der an mich ergeht. Auch andere monastische* Texte beginnen mit diesem Hören, z.B. das ›Buch‹ des Horsiese, eines Nachfolgers Pachoms in der Leitung der ersten Klöster in Ägypten: »Höre, Israel, die Gebote des Lebens; vernimm sie mit den Ohren und begreif sie mit Klugheit«[12] (vgl. Spr 2,2). In diesen Worten klingt ein biblisches Motiv an, das herausragende Bedeutung besitzt: »Höre, Israel…« – das ist das alttestamentliche Glaubensbekenntnis des Gottesvolkes, das *Sch'ma* aus Gen 6,4–5: »Höre, Israel, der Herr ist unser Gott, der Herr allein.

von Einsiedeln, Fribourg ⁷2007; Michaela Puzicha, Kommentar zur Benediktusregel. Mit einer Einführung von Christian Schütz, hg. im Auftrag der Salzburger Äbtekonferenz, St. Ottilien 2002.

10 Wieviel die *Regula Benedicti* den Pachomianerregeln verdankt, zeigt ein Textvergleich, siehe Christoph Joest, Geistliche Vaterschaft bei Pachom (287–247) und Benedikt (480/490 – ca. 547), in: EuA 90 (2014), 125–141.

11 Zitiert wird mit dem Sigel RB (für *Regula Benedicti*), gefolgt von Prol (für Prolog) mit Versangabe oder Kapitelnummer mit Versangabe.

12 *Liber Orsiesii* 1, in: Pachomiana latina. Règle et Épitres de S. Pachôme, Épitre de S. Théodore et ›Liber‹ de S. Orsiesius. Texte latin de S. Jérôme, éd. par Amand Boon, Löwen 1932, 109, 3f.; deutsch in: Heinrich Bacht, Das Vermächtnis des Ursprungs. Studien zum frühen Mönchtum I, Würzburg ²1984, 59.

Und du sollst den Herrn, deinen Gott, liebhaben von ganzem Herzen, von ganzer Seele und mit all deiner Kraft.« An den Aufruf zum Hören schließt sich die Aufforderung an, Gott zu lieben mit allem, was wir sind. Das Hören führt uns also mitten hinein in die Herzmitte unseres Lebens mit Gott: zur Liebe. Dieses Wort hat Jesus bewusst aufgegriffen und daraus das ›Doppelgebot der Liebe‹ formuliert (vgl. Mt 22,37–40).

Aber diese Liebe müssen wir *empfangen*, sie muss uns geschenkt werden. Das Hören deutet es an: Ich öffne mich ganz für Gott und seine Gaben. Benedikt sagt deshalb: »Neige das Ohr deines *Herzens*!«[13] Kein nur äußerliches Hören ist also gemeint, nicht einfach die Aufnahme von Schallwellen, sondern ein inneres Hinhören, ein Offensein meines ganzen Menschen zu Gott hin. Denn »man hört nur mit dem Herzen gut«, wie man in Anlehnung an Antoine de Saint-Éxupéry sagen darf.

Auch im Neuen Testament begegnet uns immer wieder der Aufruf zum Hören: »Wer Ohren hat, zu hören, der höre« (z.B. Mt 11,15; 13, 9.43). Jesus sucht die Ohren und Herzen der Zuhörer für seine Botschaft. Es ist daher kein Zufall, wie Benedikt seine Regel beginnen lässt. Er zielt sogleich ins Zentrum.

Wer oder was soll nun gehört werden? Die »Weisung des Meisters«, der »Zuspruch des gütigen Vaters«. Wer ist damit gemeint? Zunächst denkt man, der heilige Benedikt meint sich selbst damit, bzw. einen Abt oder Klostervorsteher, der jetzt im Begriff steht, diese Regel vorzutragen. Benedikt hatte nämlich für seine Regel unter anderen eine bedeutende Vorlage, die ganz auf diesem Gedanken aufgebaut ist: die ›Regel des Meisters‹ (auch ›Magisterregel‹ genannt, abgekürzt RM)[14]. Jedes Kapitel dort beginnt mit einer Frage der ›Schüler‹, auf die der ›Meister‹ antwortet.

Dennoch meine ich, dass es die *Regula Benedicti* anders versteht. Die einleitenden Verse hat Benedikt nicht seiner Vorlage entnommen, er hat sie selbst formuliert. Für ihn ist der ›Meister‹ und ›Vater‹ des Klosters kein anderer als der Herr selbst. Jesus als Vater – das kommt uns heute

13 Hervorhebungen hier und im Folgenden F.J. In Spr 4,20 fand Benedikt den Satz: »Neige dein Ohr zu meinen Worten«. Der Zusatz: »das Ohr *deines Herzens*« stammt also von ihm selbst und zeigt sein eigenes Anliegen. Die Aufforderung zum Hören ist auch sonst typisch für die Weisheitsliteratur, vgl. außer den oben genannten Stellen aus Spr 4,1.10.20 noch Spr 1,5.8; 2,1; 3,1; 5,7; 6,20; 7,1.24; auch Ps 50,7; 78,1; 81,9; 95,7. Zum Ganzen dieses Kapitels vgl. Basilius Doppelfeld, Höre, nimm an, erfülle. St. Benedikts Grundakkord geistlichen Lebens, MKS 14, Münsterschwarzach 1981; Holzherr, Die Benediktsregel, 47f.; Puzicha, Kommentar zur Benediktusregel, 47f.

14 Der lateinische Text mit französischer Übersetzung in: La règle du Maître. Texte, traduction et notes par Albert de Vogüé, 2 Bde., SC 105-106, Paris 1964; deutsch in: Die Magisterregel. Einführung und Übersetzung von Karl Suso Frank, St. Ottilien 1989.

fremd vor, aber es passt in die damalige Vorstellung von der Kirche als Familie Gottes.[15] Wie Adam der Vater der Menschheit war, so wurde Jesus Christus zum Vater der neuen Menschheit (vgl. 1. Kor 15,45). In der Antike bestimmte der Vater die Lebensordnung seines Hauses; und so tut es Jesus Christus auch mit uns. Der Vater, der hier redet, der Meister, auf dessen Wort wir hören sollen, ist also nach Meinung des heiligen Benedikt Jesus selbst, der ›Herr des Hauses‹. Ihm unterstehen wir, und ihm sollen und dürfen wir unser Herz öffnen und unser Gehör schenken.

So lässt sich also zusammenfassend sagen, was das Grundanliegen eines monastischen Lebens ist: ganz Ohr sein für Gott. Und das nicht nur einmal, sondern immer wieder. Ganz Ohr sein für Gott, in allen Begegnungen und Situationen – das macht Mönchsein aus.

V. Menschen auf dem Wege

Das zweite Auffällige im Prolog der RB ist die Tatsache, dass Benedikt den Menschen auf einem *Weg* sieht:

> »Lauft, solange ihr das Licht des Lebens habt. [...] Seht, in seiner Güte zeigt uns der Herr den Weg des Lebens. Gürten wir uns also mit Glauben und Treue im Guten, und gehen wir unter der Führung des Evangeliums seine Wege [...]. Fliehe nicht vom Weg des Heils; er kann am Anfang nicht anders sein als eng. Wer aber im klösterlichen Leben und im Glauben fortschreitet, dem wird das Herz weit, und er läuft in unsagbarem Glück der Liebe den Weg der Gebote Gottes.« (RB Prol 13a.20–21.48–49).

Der Mensch ist auf dem Weg, er ist nie fertig.[16] Das gilt genauso für Benedikts Mönche.[17] Wie ein Kind zwar vollkommener Mensch ist, aber noch nicht fertig, so sind auch wir zwar vollkommen als Menschen und Nachfolger Christi, aber noch nicht vollendet. Es gibt immer Wachstumsprozesse, man lernt nie aus. Das gilt für das ganz natürliche menschliche Leben, aber es gilt genauso für das geistliche Leben und das Leben in einer klösterlichen Gemeinschaft.

15 Alfons Kemmer, Christus in der Regel St. Benedikts, in: Commentationes in Regulam S. Benedicti, cura Basilius Steidle, Studia Anselmiana 42, Rom 1957, 1–14; Michael Schneider, Aus den Quellen der Wüste. Die Bedeutung der frühen Mönchsväter für eine Spiritualität heute (Koinonia-Oriens 24), Köln [2]1989, 25.

16 Vgl. Anselm Grün, Auf dem Wege. Zu einer Theologie des Wanderns, MKS 22, Münsterschwarzach 1983.

17 Fritz März, Klassiker christlicher Erziehung, München 1988, 61 spricht vom *status viatoris* und der *stabilitas loci* als zwei »gleichsam dialektisch verknüpfte(n) Leitmotive(n) benediktinischen Lebens«.

»Weg des Lebens«, »Weg des Heils« nennt Benedikt diesen Prozess, weil es »*seine* Wege« (also Christi Wege) sind, der »Weg der Gebote Gottes«. Fertig sind wir erst, wenn wir am Ziel angelangt sind, bei Gott. Deutlich ist die Anspielung auf das Wort Jesu aus der Bergpredigt von der engen Pforte und dem schmalen Weg (vgl. Mt 7,13-14). Sein Ziel ist das Leben, aber der Anfang ist eng, d.h. beschwerlich; er kostet Mühe und Kraft.

Doch dieser Aufwand lohnt sich: Da »wird das Herz weit« – was für ein schönes Bild! Da läuft man schließlich in »unsagbarem Glück der Freude«. Hier geht es wahrhaftig nicht um finstere Askese, um weltfremde und lebensfeindliche Absonderung, oder was für Vorstellungen wir immer vom alten Mönchtum haben mögen. Es geht um ein *Glück*, es geht um eine *Freude*, um die Freude nämlich, mit Jesus Christus auf dem Weg zu sein.

VI. Bleiben, nicht ausweichen

Weiter heißt es: »Fliehe nicht vom Weg des Heils« (RB Prol 48). Bleibe. Das ist ein anderes wesentliches Stichwort, das zu Benedikt gehört: die stabilitas, das Beharren. Es klingt fast paradox: Einerseits sind wir immer auf dem Weg – andererseits gilt es, zu bleiben.

Am Ende des Prologs sagt es Benedikt ganz deutlich: »Darum wollen wir uns seiner Unterweisung *niemals entziehen* und in seiner Lehre im Kloster *ausharren* bis zum Tod.« (RB Prol 50) Etwas später, im vierten Kapitel, in dem es um die »Werkzeuge der geistlichen Kunst« geht, heißt es:

> »Die Werkstatt aber, in der wir das alles sorgfältig verwirklichen sollen, ist der Bereich des Klosters und die Beständigkeit in der Gemeinschaft.« (RB 4,78)

Und gegen Ende der Regel, wo von der Aufnahme neuer Brüder die Rede ist, schreibt Benedikt vor:

> »Bei der Aufnahme verspreche er [der neue Bruder] im Oratorium in Gegenwart aller Beständigkeit, klösterlichen Lebenswandel und Gehorsam«. (RB 58,17)

Beständigkeit – *stabilitas*. Benedikt spricht übrigens nicht von der *stabilitas loci*, der Beständigkeit des *Ortes* – obwohl das, was er meint, äußerlich auf dasselbe hinausläuft. Bei ihm heißt es: Beständigkeit in der *Gemeinschaft – stabilitas in congregatione*. Das ist personal, das ist menschlich, bezogen auf die Gemeinschaft der Brüder. Die Ausrichtung geht nicht auf den Ort als solchen. Das könnte ja zum Gefängnis werden! Die Ausrichtung geht auf die Gemeinschaft der Brüder. Auch die kann schwer werden, aber sie ist etwas Lebendiges; da gibt es Menschen, die mit mir auf dem Weg sind. Das ist nicht statisch, sondern es gibt Bewegung, zielgerichtet auf dem »Weg des Heils«.[18]

Auf dem Weg sein – und trotzdem Beständigkeit, Bleiben, Ausharren. Wie ist das möglich? Modern gesprochen müsste man sagen, es geht darum, den Prozessen nicht auszuweichen, in die wir gestellt sind. Nicht fliehen, wenn es zu unangenehm wird, sondern positiv durchstehen. So wird gerade die Beständigkeit in der Gemeinschaft zur »Werkstatt«. Andernfalls bleibt unser Leben ein Torso, ein unvollendetes Werkstück.

Dass es ›eng‹ werden kann, darüber ist sich Benedikt im Klaren. Er war kein Illusionär, der in geistig-geistlichen Höhen über dem Erdboden geschwebt wäre. Ganz nüchtern sagt er es:

> »Wir wollen also eine Schule für den Dienst des Herrn einrichten. Bei dieser Gründung hoffen wir, nichts Hartes oder Schweres festzulegen. Sollte es jedoch aus wohlüberlegtem Grund etwas strenger zugehen, um Fehler zu bessern und die Liebe zu bewahren, dann lass dich nicht sofort von Angst verwirren«. (RB Prol 45–48a)

Bei dem Wort ›Schule‹ dürfen wir nicht an Klassenzimmer und Schulbänke denken. Im römischen Bereich wurde das Wort auch für Handwerkergilden und sogar für kaiserliche Elitetruppen verwendet. Die ›Schule‹ der Straßenbauer z.B., das konnte einerseits das Zunft-Haus sein; das konnte andrerseits die zu erlernende handwerkliche Fertigkeit und Technik sein; das konnte aber auch die Gemeinschaft der in dieser Zunft zusammengefassten Straßenbauer sein. In diesem dreifachen Sinn ist das Wort auch hier in der *Regula Benedicti* gemeint:[19] Als Gemeinschaft im Dienst Christi, als seine ›diensttuende Truppe‹ sozusagen,[20] gilt es,

18 Aquinata Böckmann, Perspektiven der Regula Benedicti. Ein Kommentar zum Prolog und den Kapiteln 53, 58, 72, 73, MüSt 37, Münsterschwarzach 1986, 179–182, spricht in einem Exkurs über die Stabilitas von a) der Beständigkeit des Herzens, b) der Beständigkeit der Füße, c) von dem Bleiben unter dem Gehorsam, d) vom Bleiben unter der Regel und e) von der Beständigkeit in der Gemeinschaft. Das Letzte bezeichnet sie als den »Kern der Stabilitas, die mehr Bindung an Personen als an einen Ort ist« (182).

19 Basilius Steidle, Dominici schola servitii. Zum Verständnis des Prologs der Regel St. Benedikts, Bendiktinische Monatsschrift 28 (1952), 397–406; Albert de Vogüé, Die Regula Benedicti. Theologisch-spiritueller Kommentar, Regulae Benedicti Studia Supplementa 16, Hildesheim 1983, 20–52.

20 Das Bild steckt z.B. in *RB* Prol 3: »An dich also richte ich jetzt mein Wort, wer immer du bist, wenn du nur dem Eigenwillen widersagst, für Christus, den Herrn und wahren König kämpfen willst und den starken und glänzenden Schild des Gehorsams ergreifst« – eigentlich müsste man übersetzen: »Waffen *(arma)* des Gehorsams«. Das Bild ist weniger kriegerisch, als es in unseren Ohren klingt.

die Fertigkeiten zu lernen, die dieser Dienst erfordert. Das ist ein Lernprozess, und dem gilt es standzuhalten, nicht auszuweichen, sich nicht zu entziehen, wie Benedikt sagt.

Wir sind also auf dem Weg – aber auf diesem Weg gilt es zu bleiben, auszuhalten und zu beharren. Das alles schenkt uns Gott, der uns ruft und auf den wir immer wieder hören mit der ganzen Hingabe unseres Herzens.

VII. Jesus Christus – die Mitte

Die Regel des heiligen Benedikt hat eine geheime Mitte, von der her alles bestimmt ist: die Person Jesu Christi, des Herrn. Wir sahen schon, dass *er* es ist, der ruft und auf den Weg bringt. *Ihm* dienen die Mönche durch ihr Leben, nicht einer Regel oder einer Ordnung. Beides soll nur dazu anleiten und hinführen, ganz für den Herrn da zu sein:

> »An dich also richte ich jetzt mein Wort, wer immer du bist, wenn du nur dem Eigenwillen widersagst, für Christus, den wahren Herrn und König, kämpfen willst und den starken und glänzenden Schild des Gehorsams ergreifst.« (RB Prol 3)

Es ist Jesus Christus selbst, der die Mönche und Nonnen in seinen Dienst nimmt. Er lädt sie ein, bei ihm zu wohnen. Er ist es, um dessentwillen sie da sind. Deshalb geschieht alles aus Liebe zu ihm. Das ganze Leben der Mönche ist von dieser Liebe bestimmt. So sagt Benedikt z.B. im Zusammenhang mit dem Gehorsam:

> »Der erste Schritt zur Demut ist Gehorsam ohne Zögern. Er ist die Haltung derer, denen die Liebe zu Christus über alles geht.« (RB 5,1–2)

Es kann uns also nicht wundern, dass uns die *Regula Benedicti* immer wieder Christus vor Augen stellt. Ist er der Hausherr, dann ist er auch in allen Bereichen anwesend, dann ist er auch überall zu finden. Dann bestimmt er das gesamte Leben seines Hauses.

›*Militare*‹ hieß zu Benedikts Zeiten ganz schlicht ›Dienst tun‹ und konnte auch von kaiserlichen Hofbeamten gebraucht werden, siehe Böckmann, Perspektiven der Regula Benedicti, 33–38.

VIII. Christus im Bruder[21]

Bemerkenswert ist aber nun, in welchen Zusammenhängen Benedikt ganz ausdrücklich von der Anwesenheit Christi spricht. Da ist zunächst einmal der Abt: »Er vertritt im Kloster die Stelle Christi« (RB 2,2). Wenn wir die patriarchalischen Autoritätsstrukturen der Antike bedenken, fällt es uns heutigen vielleicht etwas leichter, diese Aussage einfach einmal hinzunehmen und stehen zu lassen. Dann gewinnen wir die Freiheit zu beobachten, dass dieser Satz nicht etwa in Anmaßung und Selbstherrlichkeit geschrieben ist, sondern als *Warnung an den Abt!* Er darf nichts anderes lehren, als was dem Evangelium entspricht (RB 2,4). Er ist vor Gott verantwortlich für die ihm anvertrauten Brüder (RB 2,6–7.33-34). Auf keinen Fall darf er seine Stellung missbrauchen, wenn er bedenkt, dass er der Gemeinschaft *Christus sichtbar machen soll.*[22] Erst gegen Ende der Regel wird dieselbe Bestimmung des Abtes noch einmal erwähnt, diesmal als Wort an die Brüder:

> »Der Abt aber werde mit ›Herr‹ und ›Abt‹ angeredet, weil man im Glauben erkennt, dass er Christi Stelle vertritt. Das maßt er sich nicht selber an, vielmehr geschieht es aus Ehrfurcht und Liebe zu Christus. Er selbst aber bedenke das und verhalte sich so, dass er dieser Ehre würdig ist.« (RB 63,13–14)

Sofort wird wieder ein warnendes Wort an den Abt selbst hinzugefügt. Anscheinend kannte der heilige Benedikt die Herzen der Menschen gut genug, um zu wissen, wie gefährdet wir sind, wenn uns eine solche Leitungsaufgabe zufällt.

Spannend wird es in dem Augenblick, in dem wir erkennen, wer dem Abt als Repräsentant Christi alles zur Seite gestellt wird: die Kranken, die Armen, die Fremden. So heißt es im Kapitel über die *kranken Brüder*:

> »Die Sorge für die Kranken muss vor und über allem stehen: man soll ihnen so dienen, als wären sie wirklich Christus; hat er doch gesagt: ›Ich war krank, und ihr hab mich besucht‹, und: ›Was ihr einem dieser Geringsten getan habt, das habt ihr mir getan‹.« (RB 36,1 3)

21 Vgl. dazu Fidelis Ruppert/Anselm Grün, Christus im Bruder nach der Regel Sankt Benedikts, MKS 3, Münsterschwarzach 1979.

22 Auch Basileios d. Gr. spricht davon, dass dem Oberen Rechenschaft in Bezug auf das Heil seiner Brüder abverlangt werden wird. Er widmet diesem Thema das ganze Kapitel 25 seiner ›Längeren Regeln‹ *(LR)*, aber er kommt darüber hinaus noch zwei Mal darauf zurück. So heißt es z.B. in *LR* 29: »Der Obere muss davon überzeugt sein, dass er sich heftigen und unausweichlichen Zorn (nämlich von Gott) zuziehen wird, wenn er seinem Bruder kein wirklicher Führer ist, denn dessen Blut wird von seiner Hand gefordert, wie geschrieben steht«, Basilius von Caesarea, Die Mönchsregeln, 160–162 (*LR* 25), 167 (Zitat *LR* 29).

Dass Benedikt hier keinen idealistischen, aber realitätsfernen Vorstellungen erlegen ist, zeigt sofort der nächste Satz:

> »Aber auch die Kranken mögen bedenken, dass man ihnen dient, um Gott zu ehren; sie sollen ihre Brüder, die ihnen dienen, nicht durch übertriebene Ansprüche traurig machen.« (RB 36,4)

Der heilige Benedikt weiß sehr wohl, dass kranke Menschen es einem erschweren können, für sie zu sorgen. Und sein Realismus geht so weit, damit zu rechnen, dass trotz seiner Ermahnung an die Adresse der Kranken dennoch einige ihren Brüdern zur Last fallen werden. Darum fährt er fort:

> »Doch auch solche Kranke müssen in Geduld ertragen werden.« (RB 36,5)

Ob Christus im kranken Bruder zu sehen ist oder nicht, das entscheidet sich nicht dran, wie schwierig uns der Kranke zu sein scheint und wie leicht oder schwer uns seine Pflege fällt. Es entscheidet sich am Wort Christi selbst: »Ich war krank und ihr habt mich besucht« (Mt 25,36). In den Bedürftigen ist Christus – letztlich ist das ein Glaubenssatz. Durch sie ist der Herr mitten im Kloster anwesend. In ihnen dient man ihm.

Eine andere Gruppe von Bedürftigen sind die *Gäste*.[23] Das sind nicht einfach Besucher in unserem heutigen Sinn. Das Wort ›Gast› bedeutet in den alten Sprachen auch ›Fremder‹. Es sind Menschen in der Fremde, Heimatlose, vielleicht durch die turbulenten Ereignisse der Völkerwanderung Entwurzelte. Im besten Falle handelt es sich um Pilger oder Menschen auf einer langen und gefahrvollen Reise. Solche klopfen an die Pforte und suchen eine sichere Unterkunft, suchen Frieden, suchen eine Aufnahme, die tiefer geht als bis zur Befriedigung äußerer Bedürfnisse, die den ganzen Menschen sieht und das Herz trifft. Ähnlich wie bei den kranken Brüdern greift der heilige Benedikt auf das Gleichnis Jesu in Mt 25 zurück und sagt:

> »Alle Fremden, die kommen, sollen aufgenommen werden wie Christus; denn er wird sagen: ›Ich war fremd, und ihr habt mich aufgenommen‹ (Mt 25,35). Allen erweise man die angemessene Ehre, besonders den Brüdern im Glauben und den Pilgern. [...] Allen Gästen begegne man bei der Begrüßung und beim Abschied in tiefer Demut: man verneige sich, werfe sich ganz zu Boden und verehre so in ihnen Christus, der in Wahrheit aufgenommenwird.« (RB 53,1–2.6–7)[24]

23 Siehe dazu Böckmann, Perspektiven der Regula Benedicti, 213–280, besonders den Exkurs über die »Philoxenia (Gastfreundschaft) in der Heiligen Schrift und im Mönchtum vor Benedikt«, 214–221.

24 Es ist bezeichnend, dass Benedikt *nicht* schreibt: »Denn er (Christus) sagte: ich war fremd usw.«, sondern: »Denn er *wird* sagen«. Das Verhalten der Brüder muss

Unter den Fremden hebt Benedikt von Nursia nun noch eine Gruppe besonders hervor: die Armen. Sie haben nichts, um für die empfangene Unterkunft und das Essen zu bezahlen. Sie bringen dem Kloster nichts ein, sie machen stattdessen nur Arbeit. Gerade ihnen und ihnen besonders gilt die Aufmerksamkeit Benedikts:

»Vor allem bei der Aufnahme von Armen und Fremden zeige man Eifer und Sorge, denn besonders in ihnen wird Christus aufgenommen. Das Auftreten von Reichen verschafft sich ja von selbst Beachtung.« (RB 53,15)[25]

Wenn ein Reicher kommt, der dem Kloster durch eine Spende zu helfen vermag, dann geschieht es ohnehin, dass sich alle um ihn bemühen und ihm den Aufenthalt angenehm machen möchten. Ein Armer wird da leicht übersehen. Aber besonders in ihm ist Christus gegenwärtig. Und so soll man ihm dienen wie dem höchsten Herrn selbst.

Christus die Mitte: Er selbst ist die Achse, um die sich das ganze klösterliche Leben dreht. Um ihn geht es in allem. Er ist die lebendige Gegenwart im Gottesdienst, im Abt, im Kranken, im Fremden und im Armen. ›Ganz Ohr sein für Gott‹ heißt darum auch, in all dem *hindurchhören* auf Gott hin, auf Christus hin, der darin gegenwärtig ist und sich zu Wort meldet. In all diesen Bereichen auf dem Weg zu Christus sein und um dieses Weges willen in all diesen Beziehungen ausharren – das ist Mönchsein im Sinn Benedikts.

IX. Zum Schluss

Damit ist die Regel Benedikts natürlich noch lange nicht erschöpft. Es gäbe noch vieles anzuführen: die Gabe, das rechte Maß zu halten, d.h. die *discretio*; die *pax benedictina*, dass alle Brüder im Frieden leben; der Gottesdienst, dem nichts vorzuziehen ist; von der Arbeit; wie der Abt sein soll; und schließlich die Aufforderung zur Bruderliebe. Aber wir wollen mit dem Satz schließen, mit dem auch das Kapitel »Über den guten Eifer der Mönche« gegen Ende der *Regula* schließt:

vor dem kommenden Gericht Christi verantwortet werden. Das Gleichnis in Mt 25 ist für Benedikt nicht einfach ein Arsenal von passenden Bibelsprüchen, sondern eine lebendige Wirklichkeit. Der Christus, der dort spricht, ist der lebendige Herr auch jetzt in der Mitte der Brüder und einst am Ende der Zeit. Diese Verantwortung des Mönches angesichts des göttlichen Gerichtes ist ein Motiv, das sich im ganzen Mönchtum findet, vgl. das oben vom Abt Gesagte. Auch viele Worte der Wüstenväter (Apophthegmen) zeigen dieses Motiv.

25 Für das ›Auftreten‹ der Reichen hat das lateinische Original das bezeichnende Wort ›*terror*‹.

»Christus sollen sie überhaupt nichts vorziehen. Er führe uns gemeinsam zum ewigen Leben.« (RB 72,11–12)

Das ist der Kern monastischer Spiritualität nach der *Regula Benedicti*.

2. Ökumenische Exerzitien

Peter Hundertmark

Exerzitien wurzeln in der Wahrnehmung vieler Glaubender aus den protestantischen Kirchen bis heute tief in der Geschichte der Gegenreformation. Zwar sind ihr Ausgangspunkt und ihr Hauptziel ein anderes, aber sie wurden lange genutzt, um Jesuiten für die Auseinandersetzung mit den Kirchen der Reformation bereit zu machen. Da es dabei keineswegs zimperlich zuging, ist eine gewisse Skepsis diesem Instrument gegenüber mehr als verständlich. Die Erfahrungen mit dem Jesuiten-Orden, der so effizient und kompromisslos gegen die Reformation vorging, wurden fast zwangsläufig auch mit seinem berühmtesten ›Produkt‹ verbunden.

I. Historische Parallelen und Unterschiede

Die spätere Konfliktgeschichte hat dabei den gemeinsamen Ausgangspunkt überdeckt und unsichtbar gemacht. Die Jesuiten verstanden sich und wurden wahrgenommen als Reform-Priester, später als Reform-Orden. Sie brachen radikal mit überkommenen Formen kirchlichen Lebens, organisierten die Seelsorge neu, setzten darauf, die Laien zu fördern und zu einem mündigen Glauben zu führen, gründeten an unzähligen Orten Schulen, um die Bildungsideale der an der Antike geschulten Renaissance in die Breite der Bevölkerung zu tragen, kritisierten trotz und gerade im Schutz ihres Treuegelöbnisses dem Papst gegenüber die Zustände im höheren und insbesondere im römischen Klerus.

Zunächst aber reagierte Ignatius in Spanien auf die neue spirituelle Frage, die auch Martin Luther umtrieb: Wie bekomme ich einen gnädigen Gott? Die Glaubensgewissheit des mittelalterlichen Menschen hatte sich unter den Schlägen der Pestepidemien, des Hundertjährigen Krieges und unter dem intellektuellen Einfluss der Humanisten aufgelöst. Die Menschen in den Städten, allen voran die Bildungseliten, begannen sich als Individuen und Personen zu begreifen und sich aus der Gruppen-Identität herauszulösen. Das ›Ich‹ rückte von der Peripherie einer gottgegebenen Ordnung in der feudal-ständischen Gesellschaft in den Mittelpunkt der personalen Selbstwahrnehmung. Auch wurde Erfahrung zum ersten Mal in der nachantiken europäischen Welt wieder eine zentrale Kategorie der Welterfassung. Neue Fragen mussten folglich theologisch und spirituell beantwortet werden. Luther und Ignatius mühten sich fast zeitgleich darum, wenn auch keinerlei wechselseitige Beeinflussung historisch aufzuweisen ist.

Was muss ich tun, um das Heil meiner Seele zu gewinnen? Bin ich gerechtfertigt? Letztlich: Darf ich auf den Himmel hoffen, oder muss ich die Hölle fürchten? Und was braucht es, um in den Himmel zu kommen? Wie ist das mit den Sünden? Genügt die Beichte? Hat die Taufe die Erbsünde beseitigt? Dutzende existentielle Fragen, die aus den Trümmern der mittelalterlichen Welt hervorgingen und jeden Einzelnen umtrieben. Radikal neu war, dass jeder diese Fragen für sich allein lösen musste. Heil gab es nicht mehr einfach deshalb, weil man zugehörig war oder weil andere stellvertretend das Richtige taten und die richtigen Einsichten hatten.

Luther[1] gab den Menschen für diese Fragen die Bibelübersetzung, den theologischen Neuansatz der Rechtfertigungslehre, die Choräle und anderes mehr als ›Werkzeuge‹ an die Hand; Ignatius die Exerzitien. Beiden ging es darum, intensive religiöse Erfahrung auch außerhalb des Bereichs der Klöster zu ermöglichen und einem größeren Kreis von Glaubenden zugänglich zu machen.

Exerzitien sind geistliche Übungen. Entgegen einem lange gehegten Vorurteil kommt der Begriff nicht aus der militärischen Sprache. Ignatius greift vielmehr einen traditionellen Titel spiritueller Literatur auf. Die ›Exercitia spiritualia‹ der Gertrud von Helfta[2] vom Ende des 13. Jahrhunderts waren vor allem in den Klöstern der Zisterzienserinnen weit verbreitet. Ohne den Titel ausdrücklich zu benutzen, verstand sich auch die ›Nachfolge Christi‹ des Thomas von Kempen[3] als Buch geistlicher Übungen. Unmittelbarer aber wird Ignatius vom *›Ejercitatorio de la vida espiritual‹*[4] – den Geistlichen Übungen, die der Abt Garcias de Cisneros von Montserrat im Jahr 1500 veröffentlichte – beeinflusst.

Geistliche Übungen verstanden sich immer als Anleitung für die mystische Frömmigkeit und Gottsuche. Ignatius greift auf dieses vertraute Instrument des geistlichen Lebens zurück, verbindet es mit seinem persönlichen Erfahrungsweg und entwickelt daraus ein pädagogisiertes

1 Sehr viele Einsichten zur spirituellen Praxis und geistlichen Theologie Martin Luthers verdanke ich Oberkirchenrat a. D. Dr. Klaus Bümlein von der Evangelischen Kirche der Pfalz., dem ich diesen Artikel in freundschaftlicher Verbundenheit widme.

2 Gertrud von Helfta/Siegfried Ringler (Hrsg.), Exercitia spiritualia/Geistliche Übungen, Wuppertal 2007.

3 Thomas von Kempen, Die Nachfolge Christi, hg. und erläutert von Josef Sudbrack, Ostfildern [4]2010.

4 Francisco Garcia de Cisneros, Ejercitatorio de la vida spiritual, Miami 2019.

Übungsprogramm. Dieses war verhältnismäßig einfach zu handhaben und auf eine überschaubare Zeit von dreißig Tagen verdichtet.

Durch diese Verdichtung und die vergleichsweise niederschwellige Übungsstruktur konnten mit diesen Exerzitien viele Menschen unmittelbar angeleitet werden. Ignatius wollte damit ein ›Trainingsprogramm‹ schaffen, das nicht auf eine jahrzehntelange klösterliche Praxis, sondern auf aktive Menschen – Laien und Priester – mitten in den Herausforderungen des Alltags zielte. Viele Menschen sollten auf diese Weise an einen mündigen und entschiedenen Glauben herangeführt werden. Erst später wurden die Exerzitien nahezu ausschließlich auf die Ordensausbildung der Jesuiten beschränkt. Die ersten Jesuiten gaben die Geistlichen Übungen auch an viele Laien weiter und gründeten basierend auf dieser geteilten Intensiverfahrung Laiengemeinschaften – ›Laien-Compagnie‹, in Entsprechung zur ›Compagnia di Gesu‹, dem Jesuitenorden.

Entstanden ist auf diese Weise ein personalisierter Erfahrungs- und Übungsweg, um die bohrenden religiösen Fragen der beginnenden Neuzeit lösen zu können: jede und jeder für sich, individuell, in Verantwortung nur vor Gott und dem eigenen Inneren. Durch die Exerzitien konnte der Einzelne (und erst recht revolutionär für das 16. Jahrhundert: auch die Einzelne) sich selbst auf den Weg mit dem Herrn Jesus Christus machen, ihm zugehörig werden und so seine bzw. ihre Taufe vollenden.

Beide, Luther und Ignatius, wiesen für den inneren Glaubensweg der persönlichen Rechtfertigung jegliche Zwischeninstanz zurück. Die Exerzitien, so Ignatius, sollen den Boden bereiten, damit »Gott, der Schöpfer, unmittelbar mit seinem Geschöpf und das Geschöpf unmittelbar mit seinem Schöpfer wirke, und so der Schöpfer die ihm hingegebene Seele zu seiner Liebe hin umfange« (vgl. EB 15). Der Exerzitienmeister hat sich strikt aus diesem Geschehen zwischen Gott und dem Glaubenden heraus zu halten, und auch andere kirchliche, sakramentale oder rituelle Zwischeninstanzen sind nicht vorgesehen. Stundengebet, Fast- und Festtage und sogar die Eucharistiefeier werden ausschließlich dem ›Rahmenprogramm‹ zugewiesen. In der Mitte der Übung steht nur der Einzelne in Stille vor Gott. Der Reformer und der Reformator sprechen völlig verschiedene theologische Sprachen und sind an anderen Denkfiguren geschult – aber beide zielen jeweils auf ihre Weise auf die größere Freiheit und Eigenverantwortung der Christenmenschen.

Und beide geraten in die politischen Zwänge ihrer Zeit: Die Ideen der Humanisten und in der Folge der verschiedenen Reformbewegungen hatten zu einer gesellschaftlichen Explosion geführt. Luther wendet sich von den radikaleren Täufergruppen ab und ruft nach staatlichem Eingreifen. Ignatius bindet sich und seine Gefährten an den Papst und nimmt die umstrittenen

›Regeln für ein Fühlen mit der streitenden Kirche‹ in das Exerzitienbuch[5] auf. Die Religionskriege beginnen und lassen sich erst befrieden, als die revolutionäre spirituelle Errungenschaft der Renaissance – die individuelle Gottsuche als Antwort auf die Frage nach dem ewigen Heil – für die große Mehrheit der Glaubenden zurückgenommen wird. Die Heilsgewissheit wird nun mit der Zugehörigkeit zur jeweils richtigen Konfession verbunden. Der Einzelne wird aus der Verantwortung für seine persönliche Christus-Nachfolge entlassen beziehungsweise herausgedrängt. Der jeweilige Landesherr legt die Konfession fest, und diese garantiert seinen Untertanen bei entsprechendem Wohlverhalten auch die Errettung. Nur die jeweiligen religiösen Eliten dürfen sich den radikalen Fragen der Neuzeit noch stellen – und das auch nur im Korsett einer streng reglementierten und auf unbedingte Rechtgläubigkeit getrimmten Theologie. Luther und Ignatius wollten die Freiheit. Ihre Nachfolger bekamen die Konfessionen. Jetzt stehen die volkssprachliche Bibel und die Exerzitien einander als Feinde gegenüber. An einen konfessionsübergreifenden Zugang zu den Geistlichen Übungen ist für lange Zeit nicht zu denken.

In dieser Frontstellung verändern sich die Exerzitien. Auch auf dem Hintergrund erbitterter Auseinandersetzungen mit den Dominikanern wird an der Schwelle zum 17. Jahrhundert die bisherige Praxis der Exerzitien untersagt. Sie sind fortan nicht mehr als individueller mystischer Weg der Christus-Angleichung zu begleiten, sondern als asketisches Programm predigen. Diese Vorgehensweise ist den einleitenden Texten des Exerzitienbuches ebenso wie den Aufzeichnungen der ersten Jesuiten[6] diametral entgegengesetzt. Aus dem Trainingsprogramm für ein mündiges Christsein wurde ein Gleichschaltungswerkzeug, das mit aller Härte bei den jungen Novizen des Jesuitenordens Gehorsam und Konformität durchzusetzen half.

Erst die Arbeiten einiger deutscher und französischer Jesuiten des 20. Jahrhunderts, allen voran der Brüder Hugo[7] und Karl Rahner[8], legten die ursprüngliche Praxis und Absicht der Exerzitien wieder frei. Diese Wiederentdeckung fällt zeitlich zusammen mit der Erosion der Konfessionen als ›Heilsgaranten‹. Die Frage nach dem Einzelnen und seiner Gottesbeziehung als tragender Grund des Glaubens war wieder offen und geht seither unbedingt alle an.

5 Siehe Ignatius von Loyola, Die Exerzitien, übertragen von Hans Urs von Balthasar, Einsiedeln [14]2010 (Randnummern 352 – 370).

6 Hier sind besonders Peter Faber und Jeronimo Nadal zu nennen.

7 Z.B. Hugo Rahner/Leonard von Matt, Ignatius von Loyola, Würzburg 1962.

8 Karl Rahner, Ignatianischer Geist. Schriften zu den Exerzitien und zur Spiritualität des Ordensgründers, Sämtliche Werke Bd. 13, Freiburg 2006.

II. Üben und Rechtfertigung

Es gibt aber (jenseits der historischen Erfahrungen aus der Frontstellung der Konfessionen) auch einen inhaltlich-theologischen Grund, der protestantische Christen ein wenig argwöhnisch auf die Exerzitien schauen lässt. Schreibt Ignatius doch gleich im ersten zentralen Text ›Prinzip und Fundament‹, dass diese Übungen dazu dienen, die »die eigene Seele zu retten.«[9] Diese Formulierung lässt sich auf den ersten Blick in keiner Weise mit der Rechtfertigung aus Glauben allein vereinbaren. Sie erinnert deutlich an Werkgerechtigkeit, an Selbstüberhebung des Menschen und an Relativierung des Erlösungshandelns Gottes.

Ist dieser Verdacht erst einmal im Raum, stellt sich die Frage nach geistlichen Übungen umso schärfer. Was wird da geübt und wozu dient das? Ist es nicht doch eine subtile Form der Selbsterlösung oder zumindest der vermeintlichen Selbstoptimierung auch in geistlichen Dingen? Tatsächlich gibt es keinen Hinweis darauf, dass Ignatius die Problematik solcher Formulierungen bewusst gewesen wäre. Es gibt jedoch in der ersten einleitenden Anmerkung einen entscheidenden Anhaltspunkt dafür, wie er die Übungen versteht: Sie dienen dazu, »den göttlichen Willen zu suchen und zu finden in der Einrichtung des eigenen Lebens zum Heil der Seele.«[10]. Das deutsche Wort *Einrichtung* versucht dabei, das spanische *disposición* wiederzugeben. Der geistlich Übende arbeitet ausschließlich an sich selbst und an der Disposition des eigenen Lebens – also an der Bereitschaft und Fähigkeit, sich ganz auf Gott einzulassen und sich dem Wirken Gottes vorbehaltlos zur Verfügung zu stellen. Kommentatoren ziehen als Vergleich oft das Bildwort Jesu vom Feigenbaum heran, der keine Früchte bringt und umgehauen werden soll, den der Gärtner aber davor zu bewahren sucht, in dem er zusagt, die Erde zu lockern, zu düngen und zu gießen (vgl. Lk 13,6–9). Die Einrichtung – Disposition – des eigenen Lebens wird dann als diese Arbeit ›um den Baum herum‹ verstanden. Es geht nicht darum, den Baum der Erlösung künstlich zu herstellen zu wollen, sondern darum, dem Wirken Gottes im eigenen Leben möglichst gute Bedingungen zu schaffen, damit Gott selbst geistliche Früchte für den Glaubenden erbringen kann.

Mit dem Instrumentarium der katholischen Theologie lässt sich diese Spannung von Erlösung und Übung beschreiben: Das Heilshandeln Gottes in der Taufe ist ganz unverfügt und wird frei und ohne Leistung geschenkt. Damit ist in sakramentaler Weise alles gewirkt. Die Getauften sind als Sohn oder Tochter Gottes angenommen. Für das Heil braucht

9 Loyola, Exerzitien, Randnummer 23.

10 Ebd., Randnummer 1.

es nichts Weiteres. Die Rechtfertigung geschieht ausschließlich durch den Glauben, der in der Taufe besiegelt wird; das ist die *sakramentale* Dimension.

Schaut man mit einem *pädagogischen* Blick auf die Taufe, zeigt sich jedoch ein anderes Bild: Mit der Taufe – insbesondere der Säuglinge – ist der Same der Taufwürde gelegt; das ist aber erste einmal Potentialität. Ob diese Taufe dann auch im irdischen Lebensvollzug des Menschen Bedeutung bekommt und ihre Wirkung in der Einrichtung des Lebens entfaltet, hängt von der Weise ab, wie der Einzelne die Taufgnade für sich aufschließt, annimmt und in seinem Alltag verwirklicht, die Potentialität also schrittweise in Realität überführt. Die Taufgnade will kultiviert und entfaltet werden. Und da bekommt das geistliche Üben seinen theologisch angemessenen Ort. Ignatius aber war, mit modernen Worten gesagt, in geistlichen Dingen mehr Pädagoge als Theologe.

Die oben zitierte Formulierung (»den göttlichen Willen zu suchen und zu finden in der Einrichtung des eigenen Lebens zum Heil der Seele«) gibt aber noch einen zweiten hermeneutischen Schlüssel an die Hand: Exerzitien sind von einer Gottesvorstellung durchdrungen, die ganz beim *Heilswillen* Gottes ansetzt. Gott wird bei Ignatius immer als derjenige erlebt und gedacht, der beständig am Werk ist, um die Menschen zu retten. Gott ist engagiert, ist Bewegung und Dynamik. Sein Wille ist eindeutig: »Lasst uns die Erlösung des Menschengeschlechts wirken«[11] – durch die Menschwerdung und die Geheimnisse des Lebens Jesu. Die Worte Jesu, mit denen er in den Evangelien seine Sendung beschreibt, entfalten diesen grundlegenden Willen Gottes.

Für die Glaubenden geht es darum, diesen Willen Gottes durch das eigene Leben aufzunehmen und in die jeweilige Jetztzeit einzubringen, sich also der Sendung Gottes zur Verfügung zu stellen und sich von ihr in der eigenen Lebensführung prägen zu lassen. Der Glaubende, so Ignatius, sehnt sich danach, sich mit seinem ganzen Leben in Christus wandeln lassen – und versucht, durch die Einrichtung seines Lebens möglichst viele Hindernisse (die z.B. mit der jeweiligen Biographie und mit den eigenen Wünschen in Zusammenhang stehen) aus dem Weg zu räumen. So »bedenke jeder, dass er in allen Dingen des Geistes soweit gefördert werden wird, als er herausspringt aus seiner Eigenliebe, seinem Eigenwillen und seinem Eigennutz.«[12] Es geht eben gerade nicht um ein individualistisches ›Heil der Seele‹, das durch irgendwelche Übungen erarbeitet werden könnte, sondern um ein Einüben der Gesinnung Gottes und ein Einschwingen in dessen Sendung. Dann aber, so die Überzeugung des

11 Ebd., Randnummer 107.

12 Ebd., Randnummer 189.

Ignatius, findet der Glaubende zum tiefsten Glück seines Lebens und gehört schon Gott an.

Das konkrete Mittel, das Ignatius dann in den Exerzitien vorschlägt, ist das nachvollziehende Mitgehen auf Jesu Lebensweg, so dass über der Übende in einem geistlichen Sinn zum Jünger Jesu wird. Die Definition der Jünger, die das Neue Testament gibt, trifft dann auch auf die Glaubenden der Jetztzeit zu: Sie sind die ganze Zeit mit Jesus und den anderen Jüngern zusammen gewesen (angefangen von der Taufe durch Johannes bis zur Aufnahme in den Himmel) und sind nun Zeugen der Auferstehung (vgl. Apg 1,21–22). Dadurch wird das Leben der Glaubenden so eingerichtet, dass es für den Willen und die Sendung Gottes durchsichtig ist. Gott wird gesucht und gefunden – nicht theoretisch, sondern durch die geübte und erprobte Lebensgestalt. Diese Teilnahme an der Sendung Gottes ist die entscheidende Wirklichkeit der Christen, in diesem Leben und darüber hinaus. Jeder findet den Willen Gottes in seiner persönlichen Berufung und in dem Umfeld, in das er hineingestellt ist.

Damit steht die Tür offen, sodass Glaubende aller Konfessionen nach dem ursprünglich nur katholischen Instrument der Exerzitien greifen können – so wie auch Gläubige aller Konfessionen auf die muttersprachliche Bibel (um nur *ein* Instrument Luthers anklingen zu lassen) zurückgreifen, um sich in ihrem geistlichen Leben bereichern zu lassen.

Allerdings geht der Kontext notwendig in die jeweilige Erfahrung ein. Und dieser Kontext des geistlichen Lebens ist bis heute konfessionell gefärbt. Zwar ist das *Ziel* des geistlichen Weges allgemeingültig: dass der Glaubende an der Selbst-Sendung Gottes teilnimmt. Die *Verwirklichung* und Ausgestaltung aber geschieht innerhalb der konfessionellen Prägungen. Das hat mit der inkarnatorischen Logik des Evangeliums zu tun. Es gibt keinen ›reinen Glauben‹, unabhängig von Einbindung in Raum und Zeit. Durchlaufen Glaubende verschiedener Konfessionen die Exerzitien, so machen sie deshalb strukturell gleiche und zugleich inhaltlich durchaus ungleiche Erfahrungen. Das Instrument der Exerzitien ist einerseits so offen und andererseits so formal, dass Glaubende unterschiedlicher Traditionen in ihrem jeweils *eigenen* Glauben gestärkt werden. Wer die Exerzitien empfängt und durchbetet, hat die Chance, auf diese Weise mündiger, bewusster und entschiedener katholisch, evangelisch, mennonitisch, baptistisch, orthodox, anglikanisch... Christ zu werden.

Exerzitien und Heilige Schrift, Gebet und Choral – all das sind Instrumente, die in den Glaubenden eine Antwort auf die Zuwendung Gottes hervorrufen können. Sie stimulieren »Regungen und Bewegungen der Seele« – innere Verarbeitungsimpulse und -abläufe. Ignatius versteht diese »Regungen und Bewegungen der Seele« – die *mociones* – als Spuren der Gegenwart Gottes im Einzelnen und in der Gemeinschaft der Glaubenden. Die Elementarteilchenphysik hat eine Apparatur entwickelt, die einen treffenden Vergleich ermöglicht: die sogenannte Nebelkammer. Indem ein Behältnis mit einem besonderen Gas gefüllt wird, können durchschießende subatomare Teilchen, eigentlich viel zu klein für unser Auge, als Leuchtspuren – ähnlich Kometenbahnen – sichtbar gemacht werden[13]. Die *mociones* sind, wenn man diesen Vergleich heranzieht, die Leuchtspuren des an sich unsichtbaren Geistes Gottes. Wie er in der Seele wirkt wird durch die inneren Regungen rückschließend erspürbar und unterscheidbar.

Damit ist offensichtlich, dass Exerzitien auf die affektive Wirklichkeit der Glaubenden zielen (müssen) und Erleben und Erfahrungen in den Mittelpunkt stellen. In ihren Erfahrungen finden Gläubige die Impulse Gottes für ihr Leben. Mit den Erfahrungen antwortet ihr Inneres auf die Initiativen Gottes. Emotionale Bewegung, innerlich angerührt zu sein, ganz ›dabei‹ und herausgefordert zu sein – das ist der Kern des geistlichen Lebens in der ignatianischen Spiritualität. Die Exerzitien sind ein Instrument, ein Laboratorium, das die Glaubenden dafür nutzen können.

Die Antworten, welche die Einzelnen auf die existentiellen Fragen nach dem Heil, nach dem richtigen Leben, nach der Vollendung und nach dem Reich Gottes geben, wachsen aus ihrer geistlichen Erfahrung heraus: Erfahrungen mit der Gegenwart Gottes, Erfahrungen mit seinem Ruf in die Nachfolge und in die Partizipation an der Sendung, Erfahrungen mit der Wandlung in den ›Leib‹ und die sakramentale Gegenwart Christi heute. Die Kategorie der Erfahrung als Quelle der Welterschließung ist die entscheidende Zutat des 20. Jahrhunderts, die den Anfängen im 16. Jahrhundert noch fehlte. Ignatius setzt mit seinen Exerzitien zwar ganz auf eigenes Entdecken und die Innenschau, hat aber noch nicht die theologischen Möglichkeiten in der Hand, das glaubenskreative Potential der Erfahrung inhaltlich zu beschreiben.

Emotionen sind vorreflexiv. Entsprechend sind innere Regungen und Bewegungen nie konfessionell. Erst wenn die Regungen *gedeutet* werden, tritt der konfessionelle Horizont konstitutiv hinzu. Dadurch differenziert

13 Vgl. https://de.wikipedia.org/wiki/Nebelkammer (21.09.2019).

sich das Verständnis der inneren Regung – nicht aber ihre emotional-existentielle Dimension. Erfahrungen transportieren also für alle Menschen sehr ähnliche Qualitäten. Das ist die große *›Ökumene der Erfahrungen‹*. Das ist wenig überraschend – ist es doch der gleiche Heilige Geist, der in allen Menschen wirkt. Der Geist verbindet sich dabei mit der Lebenswelt der Gottsucher, so dass der gleiche Impuls sich in durchaus unterschiedlichen, sogar widersprüchlichen ›Bildern‹ realisiert. Der ökumenische Dialog hat gezeigt, dass der Austausch über geistliche Erfahrungen (nicht nur über die Deutungsschemata) es ermöglicht, hinter den unterschiedlichen Bildern und Bezügen das Gemeinsame zu erspüren. Glaubende aller Konfessionen entdecken, wenn sie das Instrument der Exerzitien nutzen, das Wirken des Heiligen Geistes in und hinter allen ›Äußerungen‹. Dadurch wird eine ›Tiefen-Ökumene‹, gegründet im Handeln Gottes selbst, emotional ergreifbare und ergreifende Wirklichkeit. Auf diese Weise kann eine große Nähe entstehen.

Übungen, Erfahrungen und der gemeinsame Austausch werden deshalb fast immer als sehr hilfreich erlebt. Geistlicher Trost, so die Intuition des Ignatius in seinen Regeln für die ›Unterscheidung der Geister‹,[14] ist ein wichtiger Hinweis darauf, dass etwas geistgewirkt ist. Die Bestärkung, die Teilnehmer von Exerzitien miteinander erleben, spricht also dafür, dass diese Bewegung gemeinsamer, alle Konfessionsgrenzen überschreitender Suche auch wirklich gottgewollt und ein Heilszeichen für unsere Zeit ist.

Die Unterscheidung der Geister – eine der zentralen Methoden der ignatianischen Exerzitien – öffnet jedoch noch in anderer Weise den Blick auf die Ökumene der Erfahrungen. Es geht darum, eine *Intuition* zu entwickeln, welche Wege Gott die Glaubenden heute führen will. Leider liegen spirituelle Impulse aber nie rein und eindeutig vor. In der Wirklichkeit dieser Welt sind sie immer ambivalent. Das ist eine Konsequenz der Inkarnation, macht es aber auch schwierig, Klarheit zu gewinnen. Wer einfache Aussagesätze über Gott und sein Wirken und Wollen macht, irrt sich zumeist.

Unterscheidung ist zuerst ein Gespür und ein Charisma. Ignatius entwickelt einige Regeln, um die Intuition zu schulen, und benennt intersubjektiv anwendbare Kriterien, damit eine ›informierte Intuition‹ entstehen kann. Die Gefahr, dennoch dem Zeitgeist, den eigenen Denkgewohnheiten und seelischen Bedürfnissen aufzusitzen, ist dabei nicht zu unterschätzen. Die Wahrscheinlichkeit sich zu vertun, ist verständlicherweise am größten, wenn sich ein *einzelner* Mensch um das geistliche Unterscheiden bemüht. Allein die Innensicht produziert keine auch nur halbwegs verlässliche Ahnung. Deshalb ist die Unterscheidung

14 Vgl. Loyola, Exerzitien, Randnummern 313–336.

der Geister immer ein *dialogisches* Geschehen – mindestens zwischen dem Übenden und einem Begleiter.

Doch wenn sich die Dialogpartner in ihren Prägungen sehr ähnlich sind, gewinnen sie wenig für die Unterscheidung. Der berühmte ›blinde Fleck‹ wirkt sich hier machtvoll aus. Geistliche Begleiter arbeiten deshalb mit Menschen, die nicht zu ihrem persönlichen Umfeld gehören und trainieren, sich selbst in Differenz zu setzen. Für die dialogisch vermittelte Unterscheidung ist es hilfreich, wenn zwischen beiden wenigstens *eine* lebensweltliche ›Grenze‹ besteht – wenn also eine Frau einen Mann begleitet, ein ehrenamtlicher Mitarbeiter einen Priester, ein Katholik einen Protestanten… Je größer die Unterschiedlichkeit, desto schwieriger die Verständigung – umso größer jedoch auch die Chance, andere Impulse (die nicht das Wirken des Heiligen Geistes sind) zu identifizieren. Die Unterscheidung der Geister verlangt geradezu nach Diversität der Zugänge und Deutungen. Konfessionsübergreifende Zusammenarbeit ist hierfür ein großer Gewinn.

Voraussetzung für ein Gelingen bei der Unterscheidung der Geister ist die *Indifferenz*: die Haltung, sich vorbehaltlos für das Wirken Gottes im eigenen und im fremden Leben zu öffnen und alle eigenen Interessen – auch die konfessionellen Traditionen – dahinter zurück zu stellen. Begleiter, die sich um Indifferenz bemühen, werden der Versuchung widerstehen, den Gesprächspartner in die eigene Richtung zu drängen.

Die Fähigkeit zur Unterscheidung der Geister wächst natürlich, wenn nicht nur *ein* Dialogpartner auf die Erfahrungen schaut, sondern eine ganze *Gruppe* sich achtsam und im Bemühen um Indifferenz gegenseitig begleitet. Je größer die (auch konfessionelle) Diversität der Gruppe ist, die miteinander nach dem Willen Gottes fragt, desto wahrscheinlicher können die jeweiligen Kräfte mit einiger Gewissheit unterschieden werden. Das ist die besondere Chance von ökumenisch gestalteten geistlichen Übungswegen.

IV. Reifungsdynamik der Exerzitien

Die Geistlichen Übungen sind prozessorientiert aufgebaut. Das bedeutet, dass Ihre Anordnung nicht einer Themenlogik folgt, sondern den Rhythmen von Lern- und Reifungsprozessen. Ignatius hat (mit Rückgriff auf einige Vorläufermodelle, vor allem aber aus der eigenen Erfahrung schöpfend) eine solche Abfolge geistlicher Reifungsschritte beschrieben. Er orientiert sich dabei grundsätzlich der Dynamik der Evangelien und des öffentlichen Lebens Jesu. Er ist darin im besten Sinn evangelisch: Dem Wort Gottes, der Heiligen Schrift und insbesondere dem menschgewordenen Wort Gottes weist er eindeutig und kompromisslos die geistliche Führungsrolle zu: *sola scriptura* und *solus Christus*. Sakramente und liturgische Vollzüge sind für ihn selbstverständlich. Für die Exerzitien kommen sie aber nur als Rahmen hinzu. Die geistlich-menschliche Reifung des Übenden wird letzlich durch das *Wort* und was es in den Übenden an Bewegungen der Seele bewirkt voran gebracht.

Ignatius konzipiert seinen Übungsweg als Exerzitium für vier Wochen und kann entsprechend nur einige wenige Schrifttexte zur Meditation vorlegen. Er wählt sie primär mit Blick auf *Nachfolge* und Jüngerschaft aus. Dabei nutzt er nur Texte der *Evangelien* und konzentriert sich dabei auf Stellen, wo Jesus als Meister, Lehrer und Modell gezeigt wird. Heilungsgeschichten, Gleichnisse, Gebete und theologische lässt er aus. Was er als ›Geheimnisse des Lebens Jesu‹ zusammenstellt, hat eine klare Funktion: Christus innerlich mehr erkennen, um ihn mehr zu lieben und ihm so besser nachfolgen zu können.[15] Die Gesamtheit der Bibel, insbesondere die Briefliteratur und das Alte Testament, verweist er in die begleitende Schriftlesung neben den ausdrücklichen Übungszeiten.

Ignatius hat selbst erfahren, dass die Sehnsucht, Jesus nachzufolgen, sehr fehlgeleitet werden kann. Nach seiner ersten Bekehrung wollte er Franz von Assisi und Dominikus imitieren und möglichst übertreffen. Er hatte noch keinen eigenen geistlichen Grund in sich gefunden. Dann war er lange von der Idee bestimmt, in Palästina an den Orten der biblischen Geschichte zu leben, um auf diese Weise Jesus ganz nahe zu sein. Erst als sich dieser Wunsch mehrmals als nicht realisierbar erwies, entdeckte Ignatius unter leidvoll, dass dies nicht seine persönliche Berufung war. Nach dem ersten Scheitern beginnt er, Menschen die Exerzitien zu geben. Nach dem zweiten vergeblichen Anlauf entsteht der Orden, dessen bestes Werkzeug für die Reform der Kirche die Exerzitien sind.

Aus diesem eigenen Erleben heraus – und auch aufgrund seiner Exerzitienbegleitungen – schaltet Ignatius dem geistlichen Reifungsweg der Nachfolge weitere Schritte vor. Zunächst braucht der Gottsuchende ein festes Fundament in der Zuwendung Gottes; nicht nur als Überzeugung, sondern als individuell-existentielle Erfahrung. Vorher beginnt kein wirklich fruchtbarer Reifungsweg im Glauben. Genau können wir die Praxis des Ignatius an dieser Stelle historisch nicht greifen, aber es könnte sein, dass er in manchen Fällen mit dem beginnt, was er später die ›leichten Übungen‹[16] nennt. Diese ›leichten Übungen‹ führen ins persönliche Beten ein, lehren Stille zu bewahren und zu gestalten, erschließen

15 Vgl. ebd., Randnummer 104.

16 Vgl. ebd., Randnummer 18.

die großen Verheißungen des Glaubens, ermöglichen gegebenenfalls eine erste Umkehr und Lebensbeichte und versuchen die Erfahrung zu vermitteln, auch als begrenzter, endlicher und sündiger Mensch von Gott ohne Gegenleistung geliebt zu sein.

In der heutigen spirituellen Situation vieler Christen erfordert diese ›Fundament-Phase‹ viel Aufmerksamkeit und Zeit. Der Glaube darf dabei ›aus dem Kopf ins Herz rutschen‹ und sich mit personalen Erfahrungen verbinden. Konkret leisten zumeist ›Exerzitien im Alltag‹ diesen Dienst. Die ökumenisch-geistlichen Übungswege, wie sie beispielsweise im Bereich der ACK Südwest, des Bistums Speyer und der Evangelischen Kirche der Pfalz seit Jahren gemeinsam entwickelt werden,[17] setzen hier an und arbeiten auf ein konfessionsübergreifendes gemeinsames Fundament hin. Aber auch in Kurs-Exerzitien beginnt es immer in diesem Bereich, und erst wenn eine ausreichend stabile Basis geschaffen ist, können weitere Schritte gegangen werden. Letztlich geht es darum, die Rechtfertigung aus dem Glauben allein innerlich zu ergreifen und zur Grundlage des eigenen Lebens und Glaubens werden zu lassen.

Solche Alltagexerzitien in einer ökumenischen Arbeitsgruppe vorzubereiten, kann eine wichtige Hilfe sein. Katholiken erleben sich dabei durch das reformatorische Bestehen auf der Rechtfertigung *sola fide* heilsam ausgebremst in ihrem manchmal zu optimistischen Zugang zur wirkenden Gnade und den natürlichen Möglichkeiten des Menschen. Umgekehrt empfinden manche Protestanten die implizite Voraussetzung, bereits *vor* ihrer eigentlichen Hinwendung zu Christus umfassend von Gott geliebt und damit grundsätzlich gut zu sein, als wichtiges Gegengewicht zu einem Menschenbild, das augustinisch bei der Verderbtheit der gefallenen Natur ansetzt. Kommen Personen aus der täuferischen Tradition hinzu, fallen weitere scheinbar unverrückbare Grundlagen (wie etwa die heiligende Wirkung der Kindertaufe) weg – und das, was diese Überzeugungen besagen wollen, muss noch basaler auf der Erfahrungsebene erschlossen werden. Die Fremdheit der einzelnen konfessionellen Traditionen schärfen den Blick für die Situation der Übenden und helfen, weniger theologische Selbstverständlichkeiten vorauszusetzen, denen vielleicht gar keine geistliche Erfahrung entspricht.

17 Vgl. ACK Südwest/Bistum Speyer/Evangelische Kirche der Pfalz (Hrsg.), Aufstehen zum Leben. Spiritueller Weg mit dem Emmaus-Evangelium, Landau/Speyer 2015; dies.: Zusammen wachsen. Ökumenisch-geistlicher Übungsweg 500 Jahre Reformation, Butenschoen Campus, Landau 2016; dies.: Erd-verbunden. Ökumenisch-geistlicher Weg zur Schöpfungsverantwortung im Anthropozän, Butenschoen Campus, Landau 2017.

Ignatius sieht noch eine weitere Entwicklungsetappe vor, bevor die Übenden geistlich in die Nachfolge eintreten und sich von den Geheimnissen des Lebens Jesu an die Hand nehmen lassen. Nach seiner Erfahrung braucht es ein großes Maß an innerer Freiheit (größer als normalerweise vorausgesetzt werden kann), um den je individuellen Ruf Christi in die Nachfolge zu hören. Zwar gibt es auch eine *allgemeine Berufung* aller Christen zu einem Leben aus dem Glauben und zu einem Zeugnis für das Evangelium. Der spirituelle Reifungsweg kennt aber auch eine spezifische, *persönliche Berufung*, die jetzt an diesen Menschen ergeht – und an niemanden sonst in genau dieser Weise. Um diese Berufung entdecken und hören zu können – mehr noch: um ihr folgen zu können –, braucht es eine Neuausrichtung auf Gott, eine Phase der Heilung von alten Wunden und Anhänglichkeiten, eine Zeit der Umkehr, Wandlung und Befreiung.

Diese Phase ist stark von *Biographiearbeit* geprägt. Die Übenden setzen sich mit ihrer Familiengeschichte, mit ihrer Erfahrung von Kirche, mit ihren zurückliegenden Lebensentscheidungen auseinander. Wiederum ist es sehr hilfreich, wenn der Begleiter nicht einfach alles zu verstehen glaubt, weil er aus den gleichen Zusammenhängen stammt. Je mehr der Begleiter nachfragen muss, weil er die Bezüge nicht von sich aus entschlüsseln kann, desto leichter kann auch der Übende sich selbst in Distanz zu den eigenen Prägungen setzen. Auf diese Weise ist eine kritische Auseinandersetzung, eventuell eine Abkehr oder Neu-Aneignung möglich.

Im weiteren Verlauf werden verschiedene Gebetsformen eingeübt und der Exerzitant meditiert die Geheimnisse des Lebens Jesu, um in eine größere Vertrautheit hineinzuwachsen und seine spezifische Weise der Nachfolge und Jüngerschaft zu entdecken. Diese Phase zielt auf die Entschiedenheit für Christus und eine von ihm geprägte Lebensgestalt.

Anders als bei dem klassischen Dreischritt aus *oratio, meditatio* und *contemplatio* zu erwarten wäre, führt Ignatius nun aber nicht zum Verlangen nach der *unio mystica*. Vielmehr lässt er jetzt die *Passionserzählungen* betrachten und konfrontiert so die Übenden mit dem Scheitern Jesu und mit der realen Möglichkeit, auch selbst an der eigenen Berufung zu scheitern. Der Übende sieht sich Gegenkräften gegenüber, die er weder besiegen, noch sich von ihnen distanzieren kann. Das eigene Bemühen um ein gottgefälliges Leben wird in seiner unüberwindbaren Begrenztheit erspürt. Diese Betrachtungen finden ihren Tiefpunkt im Grab Jesu. Alles Menschenmögliche – auch alles Üben – ist gescheitert. Es gibt kein Weiter mehr. Der ›Herrscher dieser Welt‹ (u.a. Joh 12,31) hat scheinbar doch gesiegt.

Wiederum ist es eine völlig andere theologische Sprach- und Bildwelt als diejenige Luthers – dennoch folgt Ignatius mit seinen Übungen einer ähnlichen Intuition, wenn dieser die geistliche Reifung in der *tentatio* gipfeln lässt.[18] In aller Entschiedenheit für die Nachfolge, in aller Bindung an den Herrn Jesus Christus verschwindet die Versuchung nicht, ist jeder Schritt wiederum gefährdet, stehen Brüche und Scheitern immer im Raum. Es kommt auf die *Bewährung des Glaubens* an. Und diese muss täglich neu errungen werden. Zugleich kann der Übende nichts für sich ins Feld führen. Er steht mit leeren Händen da – und diese werden in paradoxer Steigerung sogar mit jedem Schritt nach ›vorne‹ noch leerer. Zuletzt liegt wirklich alles in der Hand Gottes. Erst wenn das ›Grab‹ des eigenen Wollens und der eigenen Leistung wirklich leer ist, setzt Gott in seiner Freiheit – im *Dunkeln*, so dass es der Beobachtung entzogen ist – einen Akt der Neuschöpfung.

Aber auch diese neue Schöpfung trägt die Verwundungen weiter (vgl. Joh 20,24–29). Es gibt kein geistliches Triumphieren. Die tentatio bleibt die conditio humana. In den Exerzitien des Ignatius erwerben die Glaubenden das Handwerkszeug für einen geistlichen Kampf, der ihr Leben lang anhalten wird: So zu beten, als hinge alles von uns ab, und so zu leben, als hinge alles von Gott ab.

18 Martin Luther, Vorrede zum 1. Bande der Wittenberger Ausgabe der deutschen Schriften (1539), WA 50, 658, 29 bis 661, 8.

3. Postmoderne Spiritualität

Holger Pyka

I. Unvermeidliche Begriffsbestimmungen

Seit den ausgehenden 1970er Jahren dringt die Vokabel ›Spiritualität‹ in den aktiven Wortschatz evangelischer Christen[1] und der akademischen Theologie vor. Das Wort scheint bis heute schwer zu greifen. Am Anfang so gut wie jeder Veröffentlichung zu diesem Thema steht die Suche nach tragfähigen Begriffsbestimmungen, denen notwendigerweise ein normativer Zug eigen ist: Spiritualität, genauer gesagt ›christliche‹ oder ›evangelische‹ Spiritualität, sei etwa »das wahrnehmbare geistgewirkte Verhalten des Christen vor Gott«.[2] Oder, etwas differenzierter ausgedrückt »die von Gott in dieser Welt hervorgerufene liebende Beziehung des Menschen zu Gott und Welt, in der der Mensch immer wieder von neuem sein Leben gestaltet und die er nachdenkend verantwortet«.[3] Das normative Element dieser Definitionen bezieht sich wesentlich auf den *Inhalt* oder das Gegenüber, während weitgehende Einigkeit über den Pluralismus der *Form* in Geschichte und Gegenwart besteht. Gleichzeitig führt der Begriff Spiritualität in der Umgangssprache ein vielleicht inflationäres, auf jeden Fall schillerndes Eigenleben. Wenn ›Otto Normalverbraucher‹ von Spiritualität spricht – und es ist eine der großen religionssoziologischen Überraschungen der letzten Jahrzehnte, dass er es überhaupt und mit zunehmender Häufigkeit tut[4] –, bezieht er sich vor allem auf die *Erlebnisqualität*, auf Erfahrungen von Tiefenpotenzial, Ganzheit oder Transzendenz.[5]

1 Vgl. Bernd Jaspert, Spiritualität oder Frömmigkeit? Beiträge zur Begriffsklärung, Nordhausen 2013, 15–19.

2 Evangelische Spiritualität, hg. v. Rat der Evangelischen Kirche in Deutschland, Gütersloh 1979, 12.

3 Corinna Dahlgrün, Christliche Spiritualität. Formen und Traditionen der Suche nach Gott, Berlin/Boston ²2018, 108.

4 Vgl. zur Desäkularisierungsthese Peter L. Bergers: Christoph Schwöbel, Toleranz im Gespräch. Toleranzbegründungen und Toleranzpraxis im interreligiösen Dialog, in: ders., Gott im Gespräch. Theologische Studien zur Gegenwartsdeutung, Tübingen 2011, 69–90. Kritisch dagegen Sebastian Schüler, Religiöser Pluralismus und unsichtbare Religion in der säkularen Gesellschaft (Berger, Luckmann), in: Thomas Schmidt/Annette Pitschmann (Hrsg.), Religion und Säkularisierung. Ein interdisziplinäres Handbuch, Stuttgart 2014, 63–76.

5 Vgl. Marcus Hütter, ›Spirituell, aber nicht religiös!‹ Untersuchungen zum

Ein weltanschaulicher Überbau muss dabei nicht unbedingt gegeben sein. Trotz aller aus christlicher Sicht bestehender Notwendigkeit zur ›Unterscheidung der Geister‹[6] halte ich es für unverzichtbar, auch solche Phänomene in den Blick zu nehmen, weil sie Bedürfnisse anzeigen und zudem verdeutlichen, dass die spirituellen Wege, die der oder die Einzelne einschlägt, von milieuspezifischen, ästhetischen und praktischen Faktoren mindestens so sehr abhängen wie von der weltanschauliche Ausrichtung.[7]

1979 gab die Evangelische Kirche in Deutschland eine Schrift unter dem Titel *›Evangelische Spiritualität‹* heraus. Diese Studie hat zwei wesentliche Bezugspunkte: Sie weist erstens auf einen regelrechten Spiritualitäts-Boom in der Gesellschaft hin, den sie als »Reflex« auf die »Wachstumskrise der westlichen Gesellschaft« versteht, in dem die »nichtmaterielle Dimension von Lebensqualität«[8] in den Blick kommt. Einen zweiten Anlass zur Abfassung dieses Textes bieten Erfahrungen aus der weltweiten Ökumene, etwa aus der fünften ÖRK-Vollversammlung in Nairobi 1975 mit dem eindrücklichen Statement: »Wir sehnen uns nach einer neuen Spiritualität, die unser Planen, Denken und

Spiritualitätsbegriff als Modewort unserer Zeit, in: Uta Heil/Annette Schellenberg (Hrsg.), Frömmigkeit. Historische, systematische und praktische Perspektiven, Göttingen 2016, 165–186.

6 Vgl. Dahlgrün, Christliche Spiritualität, 251–297, zur *discretio* und zu Kriterien christlicher Spiritualität.

7 Vgl. Susanne Jacobowitz, Überlegungen zur postmodernen Spiritualität. Besonderheiten, Chancen, Risiken, in: Bewusstseinswissenschaften 23 (2017), 21–32, bes. 23f.

8 Evangelische Spiritualität, 17.

Handeln durchdringt.«[9] Die Studie nennt drei Stränge gegenwärtiger evangelischer Spiritualität und spricht

> »a) von der bibelorientierten, evangelistischen Spiritualität, welcher die charismatisch-pfingstliche Spiritualität verwandt ist;
> b) von der liturgischen, meditativen Spiritualität, die sich z.B. in den evangelischen Kommunitäten neu entfaltet hat – und
> c) von der emanzipatorisch-politischen Spiritualität, die sich auf die prophetische Tradition beruft und in die Solidarität mit den Armen stellt.«[10]

Mit der Feststellung der *Gleichzeitigkeit* verschiedener Traditions- und Praxislinien ist ein entscheidendes Merkmal der Postmoderne genannt – auch wenn die Studie auf den Begriff verzichtet: Das plurale Nebeneinander verschiedener kleinteiliger Diskurse und Diskurswelten nach dem Ende der so genannten ›Großen Erzählungen‹, verbunden mit Bedeutungsverlusten alter Institutionen und Traditionen. Diese Tendenz hat sich in den vierzig Jahren seit Erscheinen der Studie noch maßgeblich verstärkt, und unsere Gesellschaft wurde weiter atomisiert, individualisiert und nicht zuletzt digitalisiert. Dies möchte ich berücksichtigen, wenn ich im Folgenden zunächst die Entwicklung der drei skizzierten Grundformen nachzeichne und anschließend zwei weitere, aus meiner Sicht relevante Aspekte benenne. Im Blick behalten möchte ich auch die zugegebenermaßen harte Diagnose der Verfasser der Studie: »Für die Breite der Volkskirche kann noch nicht von einem spirituellen Aufbruch gesprochen werden. [...] In den Gemeinden lebt eine weithin gestaltlose defensive Kirchlichkeit und ein gefährlich unausdrückliches Christentum.«[11]

II. Spirituelle Wege in der Postmodernen

1. Bibelorientiert-evangelistische Spiritualität

Die Aneinanderreihung der Adjektive ›bibelorientiert‹ und ›evangelistisch‹ suggeriert, dass spirituelle Praktiken, die im Kern an der Heiligen Schrift ausgerichtet sind, vor allem eine Angelegenheit evangelikal-pietistisch-erwecklicher, möglicherweise christlich-fundamentalistischer Milieus sind. Gerade das hat sich meiner Wahrnehmung nach in den letzten Jahrzehnten geändert: Neben die klassischen Formen protestantischer

9 Jaspert, Spiritualität oder Frömmigkeit?, 15.

10 Evangelische Spiritualität, 13.

11 Ebd.

Bibelfrömmigkeit (z.B. Stille Zeit, Bibelkreise und Herrnhuter Losungen[12]) sind in den letzten zwei Jahrzehnten Praktiken getreten, die stärker erfahrungsbezogen sind und nicht selten traditionskritisch beworben werden: »Jenseits von Liturgie und Dogmatik« verortet die ›Gesellschaft für Bibliodrama‹ ihre Methode eines »inszenierten Abenteuers der Begegnung zwischen einer oder mehreren Personen mit einem biblischen Text«.[13] Beim *Bibliodrama*[14] werden in einem oft mehrtägigen Prozess[15] im dramatischen Spiel menschliche Grund- und persönliche Lebenserfahrungen mit den Rollen und der Dramaturgie des Textes ins Gespräch gebracht. Weniger auf Selbsterfahrung als auf Textauslegung ausgerichtet ist das von Peter und Susan Pitzele entwickelte Verfahren des *Bibliologs*,[16] bei der sich unter vergleichsweise strenger Führung einer Leitungsperson die Teilnehmenden in biblische Figuren oder Gegenstände hineinversetzen und im Vollzug eine Art kollektiv-mündlicher *Midrasch* entsteht. Auch wenn solche offenen Methoden kollektiver Schriftauslegung und -inszenierung wohl eher in liberal-theologischen Milieus gepflegt werden, ist ihnen oft ein missionarischer Impetus insofern eigen, dass sie für eine Wiederentdeckung der Bibel werben – als Erfahrungsraum und darauf aufbauend als Quelle von Selbst- und Gotteserkenntnis, weniger als verbalinspirierte *norma normans*.

2. Liturgisch-meditative Spiritualität

Mit dem Stichwort »liturgisch, meditativ« eröffnet die EKD-Studie ein Feld, das dermaßen weit ist, dass ich mich auf einige grob vereinfachende Kategorien beschränke: In einer ersten Kategorie möchte ich Praktiken

12 Vgl. Christiane Moldenhauer, Praktische Theologie der Bibel. Exemplarische Felder des Bibelgebrauchs in kirchlich-gemeindlicher Praxis, BEG 25, Göttingen 2018, 208–210; Martin Jung, Wort Gottes für jeden Tag. Evangelische Losungsfrömmigkeit im 19. Jahrhundert am Beispiel von Wilhelmine Canz, in: Frank Lüdke/Norbert Schmidt (Hrsg.), Evangelium und Erfahrung. 100 Jahre Gemeinschaftsbewegung, SEHT 4, Berlin 2014, 7–34.

13 https://www.bibliodrama-gesellschaft.de/home/was-ist-bibliodrama/ (30.10.2019).

14 Vgl. Thomas Stühlmeyer, Veränderungen des Textverständnisses durch Bibliodrama. Eine empirische Studie zu Mk 4,35–41, Paderborn u.a. 2004, 21–85; Dahlgrün, Christliche Spiritualität, 405–414.

15 Spannend wäre dabei die Frage, inwieweit solche mehrtägigen Bibliodrama-Inszenierungen auch Gelegenheit zu kommunitärem Leben bieten.

16 Uta Pohl-Patalong, Bibliolog. Impulse für Gottesdienst, Gemeinde und Schule, Band I: Grundformen, Stuttgart [3]2013, 13–29.

zusammenfassen, die im englischsprachigen Bereich mit *Retro*[17]*- oder Vintagespiritualität* bezeichnet werden – also spirituelle Wege, die stark von einer vorgegebenen Regelmäßigkeit und noch mehr von einer traditionellen (Formen-)Sprache geprägt sind. Dazu gehören Adaptionen monastischer Spiritualität wie *Stunden- und Tagzeitengebet*, die mittlerweile auch außerhalb von Klostermauern kommunitäres Erleben ermöglichen.[18] Auch das Singen von *Bachkantaten* und *-passionen* in Kantoreien, das von vielen Sängerinnen und Sängern als wichtiges Element ihrer eigenen Spiritualität bezeichnet wird, könnte man unter dieser Kategorie aufführen. Dazu gehört ebenfalls die *Evangelische Messe*, wie sie vor allem in Gemeinden gefeiert wird, in denen Pfarrerinnen und Pfarrer Dienst tun, die in hochkirchlichen Gemeinschaften organisiert sind (Michaelsbruderschaft, Johannesbruderschaft u.a.). Eine soziologische Betrachtung hochkirchlich-liturgischer Spiritualität steht noch aus; meiner Wahrnehmung nach gehören zu den Trägerkreisen jedoch nicht (wie man vielleicht meinen könnte) vor allem ältere Menschen mit konservativer Geisteshaltung. Ein weihrauchgeschwängertes Ambiente, eine bildergewaltige Sprache und eine oft farbenfrohe Ausstaffierung machen entsprechende spirituelle Formen auch attraktiv für Milieus, die für flamboyante Camp-Ästhetik offen sind. Ein Beispiel hierfür bietet die US-amerikanische lutherische Pastorin Nadia Bolz-Weber, die in Deutschland durch ihre Mitwirkung beim Berliner Kirchentag 2017 und in den deutschsprachigen Medien vor allem durch ihre Tätowierungen, ihre ungewöhnliche Biografie und ihre radikal inklusive Gemeindearbeit bekannt geworden ist: Das von ihr gegründete *House for All Sinners and Saints* in Denver (Colorado) begann als gottesdienstliche Gemeinschaft, die streng nach Agende eine lutherische Messe feierte[19] und durch die wiederkehrenden liturgischen Teile Partizipation ermöglichte.

17 Michael Svigel, RetroChristianity. Reclaiming the Forgotten Faith, Wheaton 2012, 219–270.

18 Vgl. Sabine Hermisson, Spirituelle Kompetenz. Eine qualitativ-empirische Studie zu Spiritualität in der Ausbildung zum Pfarrberuf, ARP 60, Göttingen 2016, 178.

19 http://houseforall.org/whoweare/ (30.10.2019).

Retro- und Vintagespiritualität fügen sich in einen gesamtgesellschaftlichen Trend, der das ganze Leben vom Industriedesign bis hin zum Boomen von Flohmärkten und Verkaufsplattformen umgreift und oft als rückwärtsgewandt-nostalgische Flucht vor postmoderner Beschleunigung desavouiert wird[20]. Als Erklärungsansatz reicht das m.E. nicht aus – zumal längst nicht alle, die sich zu einer solchen Spiritualität hingezogen fühlen, mit einer solchen biographisch vertraut sind. Die neue Hochschätzung alter liturgischer Formen entspricht jedenfalls einer Wende in der akademischen Liturgik: Als Gegenbewegung zu stark pädagogisierten Gottesdiensten seit den 1970er Jahren und dem popkulturell inspirierten ›zweiten Programm‹ der Neunziger betonen heute viele Forscherinnen,[21] dass gottesdienstliches Erleben nicht rein kognitiv zu erfassen ist. Der Rekurs auf alte Formen und feste Strukturen befreit zudem vom Zwang zur Innovation – und dass Regelmäßigkeit für eine das Leben prägende Spiritualität essentiell ist, dürfte breiter Konsens sein: »Regeln und Methoden reinigen uns von der Zufälligkeit des Augenblicks und machen uns langfristig.«[22]

Die *Spiritualität von Kommunitäten*, die in ihren liturgischen Formen schöpferisch sind (wie Taizé oder Iona) scheint mir in Deutschland vor allem als liturgisch-musikalisches Zitat rezipiert zu werden der kommunitäre Aspekt spielt dabei kaum eine Rolle.

In das Spektrum liturgischer Zugänge gehören seit Neuerem auch spielerische Methoden, Liturgie zu erschließen, zu gestalten und zu er-

20 https://www.sueddeutsche.de/stil/retro-trend-gefuehl-von-freiheit-und-jugend-1.1316371 (30.10.2019).

21 Vgl. Martin Nicol, Weg im Geheimnis. Plädoyer für den evangelischen Gottesdienst, Göttingen 2010; Thomas Klie, Fremde Heimat Liturgie. Ästhetik gottesdienstlicher Stücke, PThH 104, Stuttgart 2010.

22 Fulbert Steffensky, Schwarzbrot-Spiritualität, Stuttgart ^{2}2006, 20.

leben. Den theoretischen Hintergrund liefert eine umfangreiche human- und kulturwissenschaftliche Wahrnehmung des Spiel-Begriffs seit den 1970er Jahren, der sich insbesondere für die Praktische Theologie als anschlussfähig erwiesen hat. Künstlerische Zugänge wie *Playing Arts* öffnen den Kirchenraum für Installationen und Aktionskunst:[23] Im kreativen Umgang mit allen handgreiflichen und textlichen Materialien, die der Raum einer Kirche hergibt, führt der spirituelle Weg über die künstlerische Auseinandersetzung. Ein Themenfeld (oder besser: ein Lebensvollzug), der in einer von Aktionskunst inspirierten liturgischen Praxis häufig in den Blick kommt, ist *Essen und Trinken*: Über Feier- und Tischabendmahl hinaus wird zunehmend auch die von Essenszubereitung im Gottesdienst inszeniert und thematisiert.[24]

Bei all dem ist mit Blick auf außerkirchliche, zum Teil explizit kirchenkritische Milieus festzuhalten, dass liturgische Spiritualität auch ohne christliche Inhalte gepflegt werden kann. Deutlich wird das zum Beispiel an dem jungen urbanen Phänomen der sogenannten *Sunday Assemblies* oder *Sonntagsversammlungen* – also Events, die bis zur kalendarischen Positionierung am kirchlichen Sonntagsgottesdienst orientiert sind, aber dessen weltanschauliche Füllung durch etwas Eigenes ersetzen: Es gibt gemeinsame Gesänge, Meditationen und die inspirierende Ansprache irgendeines Lebenskünstlers, hinterher natürlich Kaffee und Kuchen.[25] Ein vergleichbares, weitaus älteres Phänomen ist die vornehmlich in den neuen Bundesländern gepflegte *Jugendweihe*.[26] Die in diesem Zusammenhang häufig angeführte Ähnlichkeit mit *Fußballspielen* halte ich dagegen für wenig überzeugend, weil eine liturgisch-spirituelle Interpretation nur *eine* mögliche Lesart dieser »begehrteste[n] Parallelwelt der Gegenwartskultur«[27] darstellt, die zudem von den allermeisten Rezipienten kaum selbst in Anspruch genommen werden dürfte.

23 Siehe für eine erste Orientierung https://www.theomag.de/24/pa1.htm (30.10.2019). Wesentliche Einblicke und praktische Erfahrungen verdanke ich den Kolleginnen Birgit Mattausch (Hildesheim) und Annegret Zander (Hanau).

24 Vgl. Holger Pyka, Experimentierfelder Essen und Beten, in: PGP 72 (2019), 36f. Vgl. auch die Aktion der Marburger Künstlerin Gabi Erne: http://kirchbauinstitut.de/das-institut/ausstellungen-am-institut/gabi-erne-2012/ (30.10.2019).

25 https://www.sundayassembly.com/our-mission/ (30.10.2019).

26 Vgl. Christian Albrecht, Kasualtheorie. Geschichte, Bedeutung und Gestaltung kirchlicher Amtshandlungen, Tübingen 2006, PThGG 2, 123–125.

27 Vgl. Matthias Sellmann, Kugel-Kult. Das Fußballspiel als die begehrteste Parallelwelt der Gegenwartskultur, in: Johann Evangelist Hafner/Joachim Valentin (Hrsg.), Parallelwelten. Christliche Religion und die Vervielfachung von Wirklichkeit, Stuttgart 2009, 299–317.

Liturgischer Spiritualität, die (mit oder ohne kommunitäre Akzente) auf gemeinschaftlichen Vollzug abzielt, stehen meditative Praktiken gegenüber, die individuell geübt werden können. Dazu gehören das weite Feld fernöstlich inspirierter Meditationstechniken von *Yoga* bis *Zen* und ihre westlichen Adaptionen, außerdem geistliche und geistlich-körperliche Übungen wie *Achtsamkeit* oder *Feldenkrais*, die seit den 1960er Jahren verstärkt in therapeutischen Kontexten eingesetzt werden. Methoden des therapeutischen und kreativen Schreibens werden, etwa in Form von *Glückstagebüchern*, zur individuellen Introspektion genutzt.[28] Hochkonjunktur scheinen mir derzeit Ansätze zu haben, die scheinbar trivialen Tätigkeiten des Alltags eine existentielle bis spirituelle Dimension zusprechen. Dazu gehören das im deutschsprachigen Raum seit Längerem bekannte *Feng Shui* und auf den ersten Blick kuriose Buchtitel wie *Die Kunst des achtsamen Putzens. Wie wir Haus und Seele reinigen*, sowie verschiedenste Anleitungen zu einem minimalistischen Lebensstil. Bestseller in diesem Bereich stammen etwa von Marie Kondō, die wesentliche Impulse aus dem Shintoismus bezieht, und Fumio Sasaki, der einer Form des Zen verpflichtet ist, die unter anderem vom ehemaligen Apple-CEO Steve Jobs popularisiert wurde.[29] Im kirchlichen Kontext werden

28 Vgl. Beate Schäfer, Schreibrituale. Erkundungen zu Motivation und Praxis des Tagebuchschreibens, in: Silke Heimes/Petra Rechenberg-Winter/Renate Haußmann (Hrsg.), Praxisfelder des kreativen und therapeutischen Schreibens, Göttingen 2013, 294–310.

29 Marie Kondō. Magic Cleaning. Wie richtiges Aufräumen Ihr Leben verändert, dt. v. Monika Lubitz, Reinbek 2013; Fumio Sasaki, Goodbye things. The New Way of Japanese Minimalism, engl. v. Eriko Sugita, New York 2017.

entsprechende Entwicklungen auf verschiedene Art und in unterschiedlichem Ausmaß rezipiert: Manche Gemeinden beschränken sich darauf, ihre Räume etwa für Yogakurse zu öffnen (was in pietistisch-evangelikal inspirierten Kreisen kritisiert wird[30]), verzichten also auf eine erkennbare inhaltliche Auseinandersetzung. Daneben gibt es verschiedene Ansätze von *christlichem Yoga*. Nach Pia Wick, einer Protagonistin dieser recht neuen Szene, geht es bei christlichem Yoga darum, »[g]elassen und gestärkt unter dem liebenden Blick Gottes [zu] leben. [...] Christliches Yoga ist gefüllt mit den Worten der Bibel, dem Gebet, dem Singen von christlichen Liedern, des ›Nachspürens‹ [sic] von Gnade und Vergebung und des Trostes.«[31] Im Blick auf den spirituellen Markt der Möglichkeiten fügt sich christliches Yoga dabei in das weite Feld westlicher zielgruppenorientierter Yoga-Adaptionen von *Yoga für Manager, Yoga für Berufstätige* und dergleichen ein. Schließlich führen Erfahrungen mit fernöstlichen Techniken auch dazu, traditionell christliche Formen von Spiritualität in ökumenischer Weite wiederzuentdecken und weiterzuentwickeln. Dazu gehören Praktiken wie das *Herzensgebet*[32], *ignatianische Exerzitien* und Ähnliches. Der Begriff ›Exerzitien‹ wird dabei in postmoderner Spiritualität im ursprünglichen Sinn von ›Übungen‹ gebraucht. Einen Versuch, Übungen zur Wahrnehmungsfokussierung im urbanen Kontext zu etablieren, stellen die *Straßenexerzitien* dar, die wesentlich von dem Jesuitenpater und Arbeiterpriester Christian Herwartz entwickelt und verbreitet wurden.[33] Auch hier spielt eine neue »Wertschätzung des Einfachen und Konkreten«[34] eine Rolle. Von diesen Beispielen abgesehen scheinen mir die Möglichkeiten alles andere als ausgereizt. Im Blick auf einen minimalistischen Lebensstil etwa böten sich monastische Traditionen mit ihrem Armutsideal als Anküpfungspunkte an. Damit ließen sich materialismus- und kapitalismuskritische Akzente verbinden – was uns zum letzten der in der EKD-Studie genannten Stränge gegenwärtiger Spiritualität bringt.

30 Siehe etwa das Fanal von Michael Kotsch, Vorsitzender des Bibelbundes: https://bibelbund.de/2017/07/christliches-yoga-wenn-evangelikale-jugendliche-undogmatisch-zur-esoterik-verfuehrt-werden/ (30.10.2019).

31 https://www.christliches.yoga/christliches-yoga/ (30.10.2019).

32 Vgl. Rüdiger Maschwitz, Das Herzensgebet. Die Fülle des Lebens entdecken, München 2015.

33 Vgl. zu Michael Herwartz' Werdegang Johannes Schindler, Gott auf der Straße. Studien zu theologischen Entdeckungen bei den Straßenexerzitien, Münster 2016, 33ff.

34 Ebd., 423f.

Im Hintergrund dieser Kategorie der EKD-Studie steht neben Erfahrungen aus der weltweiten Ökumene vor allem das *Politische Nachtgebet*,[35] bei dem seit 1968 (wesentliche Impulse von Dorothee Sölle und Fulbert Steffensky aufnehmend) Gottesdienst, politische Information und Aktion miteinander verbunden und damit wesentliche Anliegen der *Neuen Sozialen Bewegungen*, allen voran der Studentenbewegung, aufgenommen wurden. In diesem Kontext – wenn auch jeweils mit eigenen Akzenten – wären als Beispiele auch der *Ökumenische Weltgebetstag* und Erntedankgottesdienste nach Gestaltungsvorschlägen von *Brot für die Welt* zu nennen, sowie (wenn auch meist wesentlich weniger auf Aktion ausgerichtet) *Bittgottesdienste für den Frieden*, wie sie im Umfeld der Kriege im Nahen Osten der letzten Jahrzehnte entstanden sind.

Meinem subjektiven Eindruck nach scheint dieser Strang (post-)moderner Spiritualität in der Gegenwart die geringste Rolle zu spielen.[36] Das mag daran liegen, dass die Trägerkreise der genannten Veranstaltungen zunehmend ›in die Jahre kommen‹, und mit ihnen die entsprechende Ästhetik und Methodik. Dies wird auch damit zu tun haben, dass theologisch liberale Milieus, in denen solche spirituellen Wege beheimatet sind, traditionell eine geringe reproduktive Kraft haben. Schließlich macht die oben genannte Tendenz zur Individualisierung auch vor der Kirche nicht Halt. Bei der konkurrenzlos erfolgreichen Kampagne *Sieben Wochen Ohne* etwa lässt sich durchaus eine Tendenz zur Entpolitisierung und Privatisierung zu beobachten.[37] Die Anliegen gegenwärtiger politisch-ökologischer Bewegungen scheinen von den Kirchen bislang vor allem in kirchenamt-

35 Vgl. Peter Cornehl, Dorothee Sölle, das ›Politische Nachtgebet‹ und die Folgen, in: Siegfried Hermle/Claudia Lepp/Harry Oelke (Hrsg.), Umbrüche. Der deutsche Protestantismus und die sozialen Bewegungen der 1960er und 70er Jahre, AKZ B 47, Göttingen ²2012, 265–284; Dahlgrün, Christliche Spiritualität, 222–227.

36 Damit ist nicht gesagt, dass nicht einige der bislang dargestellten spirituellen Wege ethische Dimensionen haben können. Besonders gilt das vielleicht für die Straßenexerzitien, bei denen diese Perspektive von vorneherein programmatisch mitgedacht scheint.

37 Diese Einschätzung teile ich mit Andrea Bieler, Askese postmodern: Körpertechniken *coram Deo*, in: dies. u.a. (Hrsg.), Weniger ist mehr. Askese und Religion von der Antike bis zur Gegenwart, Leipzig 2015, 205–222.

lichen Verlautbarungen[38] aufgenommen, aber noch nicht ernsthaft und nachhaltig in eine geforderte »Spiritualität im Dienst der Nachhaltigkeit«[39] integriert zu werden: »Die [kirchlichen] Reaktionen sind nicht in erster Linie spiritueller, sondern ethischer, politischer und theologischer Art.«[40] Praktische Ansätze einer ökologischen Spiritualität finden sich etwa im Bereich der englischen und US-amerikanischen *fresh-X*-Bewegung[41], werden jedoch bislang in Deutschland kaum rezipiert.

4. Geschlechtsspezifische Perspektiven

Ein Punkt, der in der EKD-Studie von 1979 keine besondere Aufmerksamkeit erfährt, ist der Zusammenhang von Spiritualität und Gender. Hierzu gibt es grundlegende Forschung, die hier nicht referiert werden muss.[42] Erwähnenswert erscheint mir die Entdeckung einer ausdrücklichen und

38 So etwa in der Umwelt-Enzyklika *Laudato Si* von Papst Franziskus (dt. Freiburg i. Br. 2015) und in der EKD-Denkschrift „Umkehr zum Leben. Nachhaltige Entwicklung im Zeichen des Klimawandels", hg. vom Rat der EKD, Gütersloh 2009.

39 Almut Beringer, Evangelische Spiritualität im Dienst der Nachhaltigkeit. Unterwegs zu einer zeitgemäßen reformatorisch-transformativen Glaubenspraxis, in: Peter Zimmerling (Hrsg.), Handbuch Evangelische Spiritualität. Band 2: Theologie, Göttingen 2018, 65–88.

40 Hansjörg Hemminger, Gottes Wildnis und des Menschen Garten. Evangelische Spiritualität und Ökologie, in: Zimmerling, Handbuch 2, 45–64, hier 50.

41 Vgl. etwa Bruce Stanley, Forest Church. A Field Guide to Nature Connection for Groups and Individuals, Llangurig 2013.

42 Eine kluge Einführung bietet Brigitte Enzner-Probst, Spiritualität von Frauen (und Männern) heute, in: Zimmerling, Handbuch 2, 127–147.

reflektierten *Männerspiritualität*[43] etwa im Kontext landeskirchlicher *Männerarbeit*[44]. Wesentliche Impulse hierfür gingen von dem US-amerikanischen Franziskanerpater Richard Rohr[45] aus, bei dessen männerspezifischer Spiritualität Initiationsriten in Verbindung mit Naturerleben im Zentrum stehen: »[E]s braucht eine zweite Geburt, eine transformative oder erleuchtende Erfahrung, um wirklich unser Wesen zu entfalten. Und die kann in einer Initiation geschehen, in der wir uns alleine, ungeschützt und fastend in die Natur begeben und dort dem Göttlichen begegnen.«[46] Für Rohr bietet die spirituelle Männer-Initiation ein wichtiges Hilfsmittel gegen toxische bzw. hegemoniale Männlichkeit und ihre gesellschaftlichen Folgen: »Es dreht sich alles um Spielzeuge, Besitztümer und Statussymbole, die sich außerhalb des Selbst befinden. Es gibt kein inneres Leben. [...] Es gibt in diesen Kulturen fast immer einen starken Missbrauch von Macht. Denn das ist alles, was du dort hast: Macht. Wenn du keine innere Macht hast, dann bleibt nur äußerliche. Und deshalb werden wir heute mit einer solchen Art von Politik konfrontiert.«[47] Die verwendeten Methoden, wie *Vision Quest* und *Schwitzhütte*, bedienen sich expliziter Zitate aus den Spiritualitäten indigener Ethnien. Für Rohr und seine Schüler sind sie jedoch – insbesondere mit Blick auf die häufig verwendete Todes-, Entsagungs- und Wildnis- und Wüstenmetaphorik – anschlussfähig an biblische Traditionen, deren Wiederentdeckung sie reklamieren: »Da gibt es Elija, Moses, Abraham, Johannes den Täufer, Jesus, Petrus. Alle diese heiligen Männer gingen heraus – nicht in Tempel oder Synagogen. Fast alle männlichen religiösen Erfahrungen geschehen in der der Natur – auch in der Bibel. Nur Jesaja und Ezechiel machen ihre religiösen Erfahrungen im Tempel. Jeder andere hatte seine Erfahrung in der Natur – Jesus eingeschlossen.«[48] Kirchliche und außerkirchliche[49] Männerarbeit wendet sich dabei in ihrer Ästhetik und in ihrer inhaltlichen Ausrichtung (*Vater-Sohn-Retreat*s u.Ä.[50]) vornehmlich an hetero-

43 Https://www.maennerpfade.de/ (30.10.2019).

44 Siehe einführend Reiner Knieling, Männer und Kirche. Konflikte, Missverständnisse, Annäherungen, Göttingen 2010.

45 Richard Rohr, Adams Wiederkehr. Initiation und Männerspiritualität, dt. v. Tilman Haberer, München 2013.

46 Geseko von Lüpke, Männerinitiation – wieso, warum? Interview mit Richard Rohr, in: JK 70 (2009), 30–32.

47 Ebd., 31.

48 Ebd., 30.

49 https://www.kriegerschule.de/ (30.10.2019).

50 Vgl. das Angebotsspektrum der Männerarbeit der EKiR im Jahr 2019: https://www.ekir.de/maenner/Downloads/Programm_2019_PDF.pdf (30.10.2019).

sexuelle Cis-Männer. Mit Blick auf die vorhin konstatierte Leerstelle postmoderner kirchlicher Spiritualität in Sachen Ökologie ist es bedauerlich, dass die Potenziale solcher Neuansätze bislang vor allem an die Institute kirchlicher Männerarbeit delegiert werden und in den Gemeinden so gut wie gar nicht vorkommen.

5. Digitale Spiritualität

Die religiöse Erschließung virtueller Räume und eine durch massen- und sozialmediale Kommunikation vermittelte Gemeinschaft unter religiösen Vorzeichen ist keine allzu neue Erfindung. Ihre Anfänge reichen bis ins vorletzte Jahrhundert und letztlich noch weiter zurück: Andachten und Predigten, die zum Zweck persönlicher Erbauung vervielfältigt werden, gehören im Grunde seit der Erfindung des Buchdrucks zum Repertoire christlicher Verkündigung. Auch Radioandachten und Fernsehgottesdienste sind fester Bestandteil der Medien- und Gottesdienstlandschaft; gleichwohl sind sie seit ihren Anfangszeiten Gegenstand regelmäßig wiederkehrender Debatten gewesen:[51] Im Zentrum der Kritik steht einerseits (vor allem auf katholischer Seite) die befürchtete Profanisierung einer heiligen Handlung, andererseits die Anfrage, ob und inwieweit gottesdienstliche Gemeinschaft medial vermittelbar ist. Angesichts des Siegeszugs des Internets und der Entwicklung von Web 1.0 über Web 2.0 zu Web 3.0 wurde diese Frage immer wieder gestellt, und bis heute scheint unter Theologinnen und Theologen, die eine Generation älter als die *Digital Natives* sind, eine kritische oder zumindest distanzierte Haltung vorzuherrschen.[52] Grundlegend ist dabei immer wieder eine Dichotomie zwischen ›virtueller‹ und ›realer‹ Welt, wobei letzterer regelmäßig der Vorzug gewährt wird. Eine unvoreingenommene Wahrnehmung und positive Würdigung von digitaler Spiritualität ist vor diesem Hintergrund kaum möglich; doch es gibt Auswege aus der Dichotomie. Einer stammt von dem Kolumnisten und Netz-Aktivisten Sascha Lobo: Er spricht von der ›Silizium-‹ und der ›Kohlenstoffwelt‹.[53] Die absolute Trennung beider Welten sei empirisch ohnehin nicht haltbar, weil beide in vielfachen wechselseitigen Prozessen aufeinander bezogen sind: Menschen, die sich

51 Vgl. Beate Gilles, Durch das Auge der Kamera. Eine liturgisch-theologische Untersuchung zur Übertragung von Gottesdiensten im Fernsehen, ÄThL 16, Münster u.a. 2000, 90–118.

52 Vgl. etwa Johanna Haberer, Digitale Theologie. Gott und die Medienrevolution der Gegenwart, München 2015.

53 https://www.spiegel.de/netzwelt/web/s-p-o-n-die-mensch-maschine-die-verschmelzung-der-welten-a-776839.html (30.10.2019).

aus dem Alltag kennen, befreunden sich bei Facebook. Cybermobbing und Shitstorms haben messbare psychosoziale Effekte auf Gruppen und Individuen, Online-Poker kann, je nach Geschick, den eigenen Kontostand entscheidend nach oben oder unten beeinflussen, und Online-Dating führt zu sehr handgreiflichen Kontakten in der Kohlenstoffwelt. Die katholische Liturgikerin Teresa Berger entkräftet in ihrer instruktiven Untersuchung zu liturgischen Praktiken in digitalen Welten den Vorwurf, beim medial vermittelten Gebet ginge der körperliche Aspekt des Betens verloren. Berger hält dem entgegen, dass beim Beten etwa mithilfe des Smartphones sehr wohl der Körper des oder der Betenden beteiligt sei, nämlich unter anderem Finger und Augen.[54] Ich möchte hier deshalb zwei Beispiele für onlinebasierte Spiritualität aufgreifen, die über den Konsum religiöser Inhalte zur eigenen Erbauung oder Weiterbildung hinausgehen und virtuell gemeinschaftsbildend sind.

Da wäre zum einen die *mutua consolatio*: Das soziale Netzwerk Facebook bietet in seiner Funktion der geschlossenen Gruppen eine Möglichkeit zum vergleichsweise geschützten Austausch der User untereinander. Diese werden von verschiedensten Interessensgruppen genutzt – vom Nachbarschaftsnetzwerk über Kochgruppen bis hin zu Hundezüchtern, und eben auch von evangelischen Pfarrerinnen und Pfarrern: In der Gruppe ›Was mir im Predigerseminar keiner sagte‹[55] etwa tauschen sie sich über praktische Fragen des pastoralen Alltags aus und liefern sich vielleicht unvermeidliche theologische Grundsatzdiskussionen, leisten kollegiale Beratung in schwierigen Gemeindesituationen oder beten einfach nur im Stillen für eine Kollegin, der die Beerdigung eines tot geborenen Zwillingspärchens bevorsteht. In die vom ehemaligen ›Zentrum für evangelische Predigtkultur‹ in Wittenberg initiierten Gruppe ›Predigtkultur‹[56] stellen haupt- und ehrenamtlich Predigende ihre homiletischen Entwürfe ein und erhalten in aller Regel konstruktive Rückmeldungen. Solche virtuellen Pfarrkonvente bieten – vielleicht aufgrund der räumlichen Distanz der Teilnehmenden – ein Maß an Kollegialität, das in ihren ›kohlenstofflichen Pendants‹ oft vermisst wird.[57]

54 Siehe Teresa Berger, @Worship. Liturgical Practices in Digital Worlds, Abingdon 2016, 17f.

55 https://www.facebook.com/groups/179415722219194/ (30.10.2019).

56 https://www.facebook.com/groups/537248289643852/ (30.10.2019).

57 Einen besonders galligen, aber vielleicht nicht gänzlich realitätsfernen Eindruck von Pfarrkonventen bietet Tilmann Moser, Gott auf der Couch. Neues zum Verhältnis von Psychoanalyse und Religion, Gütersloh 2011, 89.

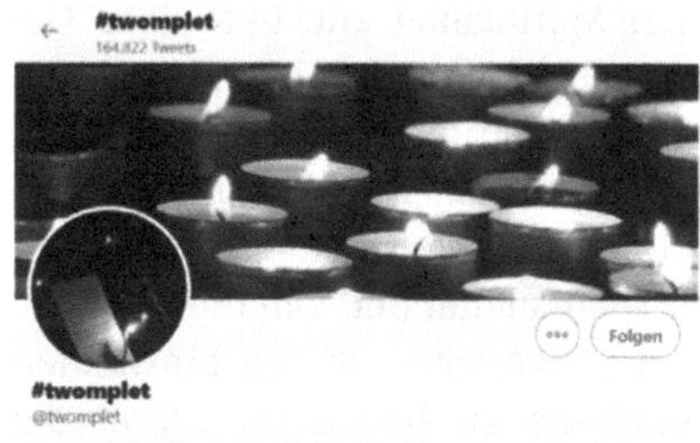

Ein anderes Beispiel ist die *virtuelle Gebetsgemeinschaft*: Auf der Plattform Twitter etwa folgen derzeit 2.980 Menschen (Stand Ende Oktober 2019) dem Account *@Twomplet*, von dem aus ein ökumenisches ehrenamtliches Team seit Januar 2014 täglich um 21 Uhr ein gemeinsames Abendgebet moderiert: Die liturgischen Elemente werden auf verschiedene Tweets verteilt, die Teilnehmenden liken, teilen und kommentieren unter Einbringung eigener Impulse.[58] Auf diese Weise entsteht eine virtuelle Gebetsgemeinschaft mit stark partizipativem Charakter.

Zunehmende Bedeutung erhalten Smartphone-Apps, die durch ihre technischen Möglichkeiten die Integration verschiedenster Spiritualitätswege in den Alltag unterstützen. Die Bandbreite ist kaum zu erfassen; sie reicht von traditionelleren Formen kirchlicher Frömmigkeit (Losungs- und verschiedene Stundengebets-Apps) bis hin zu XRCS,[59] einer Initiative der Evangelischen Medienarbeit in Hannover, die als ›Workouts für die Seele‹ verschiedene Wege vom Routinefasten über Exerzitien anbietet und eine kirchliche Alternative zur beispiellos erfolgreichen Meditationsapp *Headspace* darstellt.

III. Postmoderne Spiritualität – ein integrierbarer Blick von außen

Nach der klinischen Psychologin Susanne Jacobowitz ist postmoderne Spiritualität von vier Grundcharakteristika geprägt: Sie ist *privat*, d.h. weitgehend losgelöst von institutioneller Frömmigkeit. Sie ist ferner »extrem *erfahrungsbezogen*«; dabei »ist es weniger wichtig, in welcher religiösen Tradition, mit welcher Methode oder in welchem Kontext sie gemacht wird, als alleine, *dass* sie gemacht wird.«[60] Postmoderne Spiritualität ist *individualistisch* und selbstbestimmt und schließlich hochgradig ›*eigendienlich*‹ – d.h. im Wesentlichen auf individuelle Bedürfnisbefriedigung und Selbstverwirklichung ausgerichtet. Damit eng verbunden sind drei

58 Vgl. Sabine Müller, Gelebte Theologie. Impulse für eine Pastoraltheologie des Empowerments, ThSt.NF 14, Zürich 2019, 84f.

59 https://xrcs.de/ (30.10.2019).

60 Jacobowitz, Überlegungen zur postmodernen Spiritualität, 25 (Hervorhebungen im Original).

Risiken,[61] die Jacobowitz postmoderner Spiritualität attestiert: Ihre Gefahren liegen erstens in einem *›spirituellen Materialismus‹*, also einem stark konsumorientierten Missverständnis spiritueller Erfahrungen als individuellem Besitz; zweitens in einem *›spirituellen Autismus‹*, der den Welt- und Gemeinschaftsbezug negiert; und drittens in einer *›spirituellen Hyperreflexion‹*, also einem Verlust an Spontaneität und Offenheit.

Es wird aus kirchlicher Sicht kaum schwerfallen, diesen Einwänden mit vielerlei gut begründeten Argumenten zu begegnen. Schon die EKD-Studie von 1979 stellte den Gemeinschaftsaspekt evangelischer Spiritualität der zunehmenden Individualisierung der Gesellschaft entgegen. Zugleich wird sich kirchlich orientierte Frömmigkeit von keinem dieser Kritikpunkte von vorneherein dispensieren können.

Offen bleibt auch die Frage, inwieweit es den Kirchen gelingt, den spirituellen Bedürfnissen postmoderner Zeitgenossen zu begegnen. Der *Erfahrungssehnsucht* spirituell Suchender steht meinem Eindruck nach in der Breite der Volkskirche weiterhin das bereits zitierte ›unausdrückliche Christentum‹ entgegen. Es scheint nicht nur an Angeboten (und an zielgerichteter Bewerbung bereits bestehender Angebote) zu fehlen, sondern auch an *Sprachfähigkeit*: Die Sprache kirchlicher Verlautbarungen und nicht weniger Predigten ist von einer merkwürdigen Distanziertheit geprägt, von abstrakten, mitunter verkopften Formulierungen.[62] Kirche und Theologie scheint ein ganzes Sprachregister zu verloren gegangen zu sein, das es erlaubt, konkret und erfahrungsbezogen von Gott und seinem Handeln zu sprechen. Die Eigendienlichkeit postmoderner Spiritualität mag man als Verzweckung (oder, theologisch gesprochen: als Versuch der Selbstrechtfertigung) brandmarken – man könnte sie auch zum Anlass nehmen, weisheits-ethische Traditionen der Kirchen, denen es um die Gestaltung eines ›guten Lebens‹ geht, wiederzuentdecken. Schon Jörg Lauster problematisierte 2004 die »moderne Glücksverachtung«[63] in Philosophie und Theologie. Klaas Huizing deutet in seiner 2016 erschienenen theologischen Ethik »Weisheit als gesamtbiblisches Angebot einer wohlwollenden Lebensführungsschulung«[64] und folgert: »Wer auf die Tonart biblischer Texte achtet, wer die optimistische Grundlegung entdeckt,

61 Ebd., 27ff.

62 Peter Bukowski, Emotional predigen – ein Impuls, in: Ders., Theologie in Kontakt. Reden von Gott in der Welt, Göttingen 2018, 117–120, hier 117, nennt es treffend »eine gelehrte, aber kalte Pracht.« Vgl. auch Holger Pyka, Spiel mit dem Wort! Kreatives Schreiben für Predigt und Preacher-Slam, Göttingen 2018, 21–27.

63 Jörg Lauster, Gott und das Glück. Das Schicksal des guten Lebens im Christentum, Gütersloh 2004, 114.

64 Klaas Huizing, Scham und Ehre. Eine theologische Ethik, Gütersloh 2016, 91.

muss innerhalb der religiösen Gefühlskultur den negativen Gefühlswelten nur konsequent eine positive Gefühlswelt entgegenstellen, die [...] Erfahrungen von Gelingen inszeniert.«[65] Der unleugbare *Patchwork-Charakter* postmoderner Spiritualität schließlich macht sie, nicht nur wegen des Risikos einer »spirituellen Überanstrengung des Subjekts«[66] häufig zur Zielscheibe theologischer Kritik.[67] So viel daran auch im Einzelnen bedenkenswert sein mag, so wenig sollte dabei aus dem Blick geraten, dass nicht erst die Praktiken, sondern schon die Quellen christlicher Spiritualität hochgradig eklektisch sind: Der Kanon der biblischen Schriften weist ein hohes Maß an intertextueller Redaktion, Adaption und Interpretation auf, in deren Folge die biblischen Autoren unter Zuhilfenahme bekannter Vorlagen ihr eigenes theologisches Profil entwickelten. Viele Liturgien – auch und gerade hochkirchliche oder kommunitäre – sind eher ›Retro‹ als ›Vintage‹, also keine seit Urzeiten tradierten Originaldokumente, sondern das Ergebnis kreativer, kompilatorischer und redaktioneller Prozesse. Nach Felix Stalder[68] gehören Montagen, Remixes, Samplings, Mashups und andere referentielle Verfahren zu den grundlegenden Kulturtechniken der digitalen Postmoderne. Die Kirchen mit ihren überwältigenden Text- und Bildtraditionen bieten hierfür reichhaltiges Material.

Ungeachtet der vielen Positivbeispiele (von denen ich hier nur einige in höchst subjektiver Auswahl referiert habe) stimme ich auch vierzig Jahre später den Verfassern der EKD-Studie zu: »Für die Breite der Volkskirche kann noch nicht von einem spirituellen Aufbruch gesprochen werden.« Es bleibt Luft nach oben.

65 Ebd., 92.

66 Peter Zimmerling, Das Handbuch Evangelische Spiritualität. Idee und Vorgeschichte, in: ders. (Hrsg.), Handbuch Evangelische Spiritualität. Band 1: Geschichte, Göttingen 2017, 15–21, hier 19.

67 Vgl. Martin Radermacher, Volksfrömmigkeit im Gewand moderner Esoterik? Problematisierung volkskundlicher und religionswissenschaftlicher Begriffsfelder, in: Anja Schöne/Helmut Groschwitz (Hrsg.), Religiosität und Spiritualität. Fragen, Kompetenzen, Ergebnisse, Münster/New York 2014, 387–403.

68 Felix Stalder, Kultur der Digitalität, edition suhrkamp 2679, Berlin 2016, 96–128.

IV. Ausblick

Grundzüge einer ökumenischen Spiritualität

Jutta Koslowski

I. Einleitung

Fast alle Religionen rufen zum *Frieden* auf – und sind zugleich ein *ambivalentes* Phänomen, weil sie immer wieder zu *Konflikten* zwischen Anhängern verschiedener Religionen mit beitragen.[1] Insbesondere die Amtsträger und die Theologen (also diejenigen, denen die herkömmlicherweise Aufgabe zukommt, als Hüter der ›reinen Lehre‹ zu fungieren) vertreten häufig konkurrierende Wahrheitsansprüche. Gleichzeitig gibt es in einer Art von ›Unterströmung‹ eine mystische Tradition: Hier scheinen sich die Anhänger der einzelnen Religionen in einer unsichtbaren Mitte zu treffen, wo die Unterschiede an Bedeutung verlieren.[2] Diese Mitte ist die *Spiritualität* – und was für die interreligiöse Begegnung gilt, lässt sich auch im ökumenischen Dialog beobachten: Je stärker sich die Anhänger der jeweiligen Konfessionen auf die gelebte Spiritualität konzentrieren, desto leichter scheint es ihnen zu fallen, untereinander Verbundenheit zu erfahren. Deshalb hat Spiritualität ein zutiefst *ökumenisches* und *irenisches* Potential. Die Erfahrung zeigt: Spiritualität vermag Gläubige zusammen zu führen und Gräben zu überbrücken.

Was könnte der Grund dafür sein? Vielleicht liegt es daran, dass für Mystiker nicht der *Mensch* mit seiner stets begrenzten (und deshalb kontroversen) Erkenntnis im Zentrum steht (vgl. 1. Kor 13,9–13), sondern der Mystiker sucht nach *Gott* – das Unerschöpfliche bildet die Mitte. In der Brüderhaus-Kapelle der Jesus-Bruderschaft Gnadenthal (dem Ort, wo ich lebe) wird dies dadurch zum Ausdruck gebracht, dass sie eine kreisförmige Architektur aufweist und dass der Altar (als Symbol für die

1 Vgl. Reinhard Hempelmann/Johannes Kandel (Hrsg.), Religionen und Gewalt. Konflikt- und Friedenspotentiale in den Weltreligionen, Kirche – Konfession – Religion, Bd. 51, Göttingen 2006; Bernd Oberdorfer/Peter Waldmann (Hrsg.), Die Ambivalenz des Religiösen. Religionen als Friedensstifter und Gewalterzeuger, Rombach Wissenschaften – Reihe Historiae, Bd. 22, Freiburg 2008.

2 Dies lässt sich an der bisweilen frappierenden Ähnlichkeit der Aussagen erkennen – etwa wenn man Texte des christlichen Mystikers Meister Eckhart (1260–1328) mit denen des muslimischen Dichters Rumi (1207–1273) vergleicht.

Gegenwart Gottes) dabei *in der Mitte* steht. Und wiederum in der Mitte dieses Altars brennt eine schlichte weiße Kerze: Ihr immaterielles Licht ist verletzlich (denn es kann leicht ausgelöscht werden), doch zugleich stark (es erleuchtet die Dunkelheit); so ist es in gesteigerter Form Zeichen der Gegenwart Gottes. »Je näher wir dem gekreuzigten Christus kommen, umso näher kommen wir einander, wie verschieden auch die Farben sein mögen, in den unser Glaube das Licht widerstrahlen lässt.«[3] Diese programmatische Aussage, mit der die Bewegung für praktisches Christentum auf ihrer ersten Weltkonferenz in Stockholm 1925 ihr Anliegen zusammengefasst hat, bringt die Erfahrung auf den Punkt: Wenn Christus in der Mitte ist, verlieren die Streitigkeiten an Bedeutung (was nicht bedeutet, dass Meinungsverschiedenheiten verschwinden).

Ökumenische Spiritualität zeichnet sich dadurch aus, dass sie zugleich »in die Tiefe, zum Wesentlichen des Glaubens, in die Weite, zu den Schätzen der anderen, und in die Höhe, zu Gott selbst, führt.«[4] Auch diese Aussage wird in Gnadenthal architektonisch symbolisiert – in einer anderen Kapelle, die zum dortigen ›Haus der Stille‹ gehört. Dieser Raum ist nicht rund, sondern er weitet sich trapezförmig aus, je mehr man in ihn hineingeht und sich dem Altar annähert. Gleichzeitig führt der Weg dabei abwärts, in die *Tiefe*, während die Decke an *Höhe* zunimmt, so dass der Raum *Weite* gewinnt.

II. Grundsätzliche Aspekte ökumenischer Spiritualität

Mit ›ökumenischer Spiritualität‹ ist aber nicht nur gemeint, als dass Spiritualität von ihrem Wesen her genuin ökumenisch ist. Ökumenische Spiritualität bedeutet darüber hinaus eine spezifische Form des ökumenischen Engagements, einen bestimmten Teilbereich der ökumenischen Bewegung – das, was in der katholischen Kirche als ›geistlicher Ökumenismus‹ bezeichnet wird. Im Konzilsdekret *Unitatis redintegratio* wird dazu gesagt: »Diese Bekehrung des Herzens und die Heiligkeit des Lebens ist in Verbindung mit dem privaten und öffentlichen Gebet für die Einheit der Christen als die Seele der ganzen ökumenischen Bewegung anzusehen;

3 Botschaft der Weltkonferenz für Praktisches Christentum an die Christenheit, in: Adolf Deißmann, Die Stockholmer Weltkirchenkonferenz. Vorgeschichte, Dienst und Arbeit der Weltkonferenz für Praktisches Christentum 19. – 30. August 1925, Berlin 1926, 685–688, hier 687.

4 ›Effektiver Beitrag‹. Tagung zu ökumenischer Spiritualität in Kloster Gnadenthal, in: KNA-Ökumenische Information, Nr. 39, 2019, 9f.

sie kann mit Recht geistlicher Ökumenismus genannt werden.«[5] Es wird deutlich, dass hier unter ›geistlichem Ökumenismus‹ vor allem das *gemeinsame Gebet* für die Wiederherstellung der Einheit *(unitatis redintegratio)* verstanden wird: »Es ist unter Katholiken schon üblich geworden, dass sie häufig zu diesem Gebet für die Einheit der Kirche zusammenkommen, die der Heiland selbst am Vorabend seines Todes vom Vater inständig erfleht hat: ›Dass alle eins seien‹ (Joh 17,21). Bei besonderen Anlässen, zum Beispiel bei Gebeten, die ›für die Einheit‹ verrichtet werden, und bei ökumenischen Versammlungen, ist es erlaubt und auch erwünscht, dass sich die Katholiken mit den getrennten Brüdern im Gebet zusammenfinden. Solche gemeinsamen Gebete sind ein höchst wirksames Mittel, um die Gnade der Einheit zu erflehen, und ein echter Ausdruck der Gemeinsamkeit, in der die Katholiken mit den getrennten Brüdern immer noch verbunden sind: ›Denn wo zwei oder drei versammelt sind in meinem Namen, da bin ich mitten unter ihnen‹ (Mt 18,20).«[6]

Allerdings stellt sich die Frage, ob gemeinsames Gebet überhaupt ein (höchst wirksames) ›Mittel zum Zweck‹ sein sollte, oder ob es bei ›geistlichem Ökumenismus‹ nicht um etwas anderes geht. Ökumenische Spiritualität bedeutet mehr als die Tatsache, *für die Einheit der Kirche* zu beten und auch mehr als die Praxis, dies *gemeinsam mit Christen verschiedener Konfessionen* zu tun. Sie bedeutet, aus den spirituellen Schätzen verschiedener Traditionen zu schöpfen, um daraus eine *organische Verbindung* und eine neue *harmonische Ganzheit* zu schaffen.

Warum sollte das geschehen und weshalb ist es möglich? Die Antwort auf diese Frage berührt Grundsätzliches: *Weil die Trennung der Christenheit nicht bis an die Wurzel gegangen ist*[7] und weil das, was uns verbindet, wichtiger ist als das, was uns trennt.[8] Oder (um auf die Bibel als eigentliche Quelle der Einheit zu verweisen): *Weil die verschiedenen Kirchen in Wirklichkeit ein Leib sind,* bei dem die einzelnen Glieder verschiedene Gestalt und Funktion haben, aber wesensmäßig zusammen gehören.[9] Das paulinische Bild von der Kirche als Leib Christi hat ökume-

5 Unitatis redintegratio, Nr. 8.

6 Ebd.

7 Vgl. Bilaterale Arbeitsgruppe der Deutschen Bischofskonferenz und der Kirchenleitung der Vereinigten Evangelisch-Lutherischen Kirche Deutschlands: Kirchengemeinschaft in Wort und Sakrament, Paderborn/Hannover 1984, Nr. 16.

8 Vgl. Karl Lehmann/Wolfhart Pannenberg (Hrsg.), Lehrverurteilungen – kirchentrennend? Bd. 1: Rechtfertigung, Sakramente und Amt im Zeitalter der Reformation und heute, Dialog der Kirchen. Veröffentlichungen des ökumenischen Arbeitskreises evangelischer und katholischer Theologen, Bd. 4, Freiburg/Göttingen 1986, 196.

9 Vgl. 1 Kor 12,12–27; Röm 12,4.5.

nische Brisanz, wenn man es als Realität versteht: Sollte ein Körperteil (etwa ein Arm) abgetrennt werden, so stirbt dieses unweigerlich ab und kann nicht weiterleben; wird der Körper gar in der Mitte durchtrennt, bedeutet dies den Tod des gesamten Organismus. Welche Konsequenz ergibt sich, wenn man diese Aussage auf die Spaltungen innerhalb der Christenheit überträgt?

Ökumenische Spiritualität schöpft aus den Traditionen des gesamten Leibes Christi, *weil alles mit allem zusammengehört.* Sie ist nicht Ausdruck jenes weit verbreiteten und viel kritisierten Eklektizismus, wo man sich nach Belieben bedient und einfach nimmt, was einem gefällt. Sondern es geht darum, etwas wieder richtig zu stellen, was durch den Skandal der Trennung in Unordnung geraten ist: »Es wächst zusammen, was zusammen gehört« – so könnte man das Motto aufgreifen, welches die Programmatik der deutschen Einheit beschreibt.

Ein anderes Bild, das man dafür verwenden kann, ist dasjenige von Puzzleteilen: Die verschiedenen Kirchen und ihre Spiritualitäten passen zusammen, weil sie zusammen gehören – d.h. *weil sie ursprünglich eine Ganzheit gebildet haben.* Auch wenn seit einigen Schismen Jahrhunderte vergangen sind, in denen die jeweiligen ›Konfessionskirchen‹ getrennte Wege gingen (wie im Fall der Orthodoxie, zu der es während der Herrschaft des Osmanischen Reiches wenig Verbindung gab) oder wenn sie sich gar bewusst auseinander entwickelt haben (wie im Verhältnis zwischen evangelischer und katholischer Kirche, die seit dem Tridentinum zur ›Gegenreformation‹ übergegangen ist), *so verraten gerade die Bruchstellen der Kirchen noch heute, dass sie eine Ganzheit darstellen:* Wo die eine Kirche ihre Stärke hat, hat die andere eine Schwäche, und *jede Kirche hält das Heilmittel für die Gebrechen der Schwesterkirche in ihrer Hand*[10] – so wie bei zwei zusammengehörenden Puzzleteilen die Ausbuchtung des einen in die Vertiefung des anderen passt. Gerade durch diese *›komplementäre Verschiedenheit‹* entsteht der Zusammenhalt.

10 Vgl. Jutta Koslowski, Die Einheit der Kirche in der ökumenischen Diskussion. Zielvorstellungen kirchlicher Einheit im katholisch-evangelischen Dialog, Studien zur systematischen Theologie und Ethik, Bd. 52, Münster 2008, 497–500; dies., Die Einheit der Kirche – das Ziel und der Weg… und welche konkreten Schritte wir schon heute gehen können, Paderborn 2019, 122–124.

III. Konkrete Verwirklichung ökumenischer Spiritualität

Welche *Kriterien für eine authentische ökumenische Spiritualität* ergeben sich aus diesen Überlegungen, die hier nur kurz angedeutet wurden? Es geht zunächst einmal darum, die anderen Konfessionen gründlich *kennen zu lernen*: »Den Nächsten kennen wie sich selbst« lautet sehr passend das Motto, unter welches das Konfessionskundliche Institut in Bensheim seine Arbeit stellt. Kennenlernen bedeutet vor allem: nicht aus Fremddarstellungen, sondern aus der Selbstdarstellung heraus, also durch authentische Begegnungen. Solches *Begegnungslernen* schließt im Fall von christlichen Gemeinschaften immer auch spirituelle Erfahrungen mit ein – womit der Weg für das Entstehen einer ökumenischen Spiritualität eröffnet wird. Im Sinn einer *›Ökumene als Austausch von Gaben‹* geht es keineswegs nur darum, den Gesprächspartner für die eigenen Anliegen zu gewinnen, sondern auch selbst etwas zu lernen und zu *empfangen*. Ereignet es sich dann, dass man Eigenschaften des anderen nicht nur kennen, sondern auch *schätzen lernt* und eine bestimmte spirituelle Praxis für sich selbst (persönlich oder für die eigene Gemeinschaft) übernehmen möchte, ist es erforderlich, sich dabei nicht auf das äußere Erscheinungsbild zu beschränken, sondern auch die zugrundeliegende *Theologie* zu berücksichtigen.

Ökumenische Spiritualität wird nicht schon dadurch verwirklicht, dass beispielsweise in einer evangelischen Kirche eine orthodoxe Ikone aufgestellt wird, weil sie schön ist (was sie zweifellos ist) – sondern erst, wenn dabei auch etwas von der *Bedeutung* orthodoxer Ikonenverehrung deutlich wird: Ikonen sind dort ›Fenster zum Himmel‹, sie bilden das Dargestellte nicht nur ab, sondern vergegenwärtigen es; *deshalb* kommt ihnen Verehrung zu. Andererseits geht es nicht darum, sich die Vorstellungswelt des anderen vollständig zu eigen zu machen, sondern eine *kritische Auseinandersetzung* ist gefordert – als Folge einer intensiven Beschäftigung. Das Ergebnis kann darin bestehen, wesentliche Elemente der spirituellen Praxis einer anderen Konfession herauszuarbeiten und von weniger wesentlichen zu unterscheiden; innerhalb der eigenen Konfession lassen sie sich dann in einen neuen Kontext stellen – und zwar so, dass sie nicht verfälscht werden, sondern eine echte *Synthese* entsteht. Im Fall der Ikonenverehrung könnte dies zum Beispiel bedeuten, dass man in einer evangelischen Kirche auf Mariendarstellungen verzichtet (weil das orthodoxe Verständnis der Marienverehrung dem evangelischen Glauben fremd ist) und eine Darstellung wie diejenige der Heiligen Dreifaltigkeit bevorzugt;[11] und man kann zum

11 Vgl. Jutta Koslowski, Die Ikone der Heiligen Dreifaltigkeit des Andrej Rublev,

stillen Gebet vor der Ikone einladen, auch ohne die eigene Frömmigkeit durch eine bestimmte Anzahl von Verbeugungen zum Ausdruck zu bringen (weil dies von vielen evangelischen Christen als ›Bilderdienst‹ oder ›Werkgerechtigkeit‹ empfunden wird).

Wenn die verschiedenen Traditionen tatsächlich wie ›Puzzleteile‹ zusammen passen – was sind dann die ›Schätze‹, welche die verschiedenen Konfessionen zu einer ökumenischen Spiritualität beitragen können? Die Antwort auf diese Frage ist einerseits natürlich subjektiv und sehr persönlich; sie hängt auch damit zusammen, was man in der jeweils eigenen Kirche möglicherweise vermist.[12] Andererseits scheint sich in der ökumenischen Bewegung so etwas wie ein *consensus communis* abzuzeichnen, der etwa in folgende Richtung weist: Zu den besonderen Qualitäten der katholischen Kirche gehört für viele Menschen beispielsweise ihre reich ausgestaltete Architektur und *Liturgie* sowie der Kalender des *Kirchenjahres* mit seinen Festen und Gedenktagen. Rituale wie der Beginn der Fastenzeit (mit der Austeilung des Aschenkreuzes am *Aschermittwoch*) oder die Häusersegnung durch die *Sternsinger* (die größte Spendensammel-Aktion weltweit, maßgeblich durchgeführt von Kindern!) haben auch in anderen Konfessionen Einzug gehalten. Das Gleiche gilt bestimmte Elemente aus der Zeit der Alten Kirche, die im Katholizismus bewahrt worden sind (etwa der Gesang des *Exsultet* in der Osternacht oder die Großen Fürbitten an *Karfreitag*[13]). Insgesamt kann der Ansatz des katholischen Gottesdienstes als wegweisend betrachtet werden: Mit seiner Bejahung der Sinnlichkeit – die nicht nur die Ohren anspricht, sondern auch die Augen (liturgische Gewänder und Paramente), den Tastsinn (Kreuzzeichen, Kniebeugen), den Geruchssinn (Weihrauch) und den Geschmackssinn (Brot und Wein) – entspricht er dem Maß des Menschlichen. Auch die regelmäßige beziehungsweise tägliche Feier der *Eucharistie* gehört

Paderborn ²2017; dies., »Wegweiser zur Einheit«, Die Dreifaltigkeitsikone des Andrej Rublev als Leitbild für die Ökumene, in: Orthodoxes Forum 25 (2011), 53–65.

12 So gibt es zahlreiche evangelische Christen, welche den Gottesdienst in ihrer Gemeinde nicht mehr regelmäßig besuchen, weil dieser aufgrund der Konzentration auf die Predigt zu einseitig intellektuell ausgerichtet ist und existenzielle religiöse Bedürfnisse dort unbefriedigt bleiben – z.B. das Bedürfnis nach Stille, Meditation, Rhythmus, Symbolik und sinnlich wahrnehmbaren Elementen. In der katholischen Tradition ist all dies zur Genüge vorhanden. Andererseits kehren etliche Katholiken ihrer Kirche den Rücken, weil deren autoritäres Auftreten dem Verlangen nach demokratischer Partizipation, Transparenz und Dialog in der modernen Gesellschaft nicht entspricht. Die Freiheit von Rede und Gewissen wird wiederum in der evangelischen Tradition reichlich gepflegt.

13 Freilich bereinigt von ihrer verhängnisvollen anti-judaistischen Tradition.

in diesen Zusammenhang und ist inzwischen im Sinn einer ökumenischen Spiritualität auch von manchen evangelischen Kirchen wiederentdeckt worden. Als Bereicherung empfinden viele auch die ›Heiligung der Zeit‹ durch die Struktur des *Stundengebetes* – und natürlich die *Klöster* mit ihrem benediktinischen Grundsatz *›ora et labora‹*, wo all dies exemplarisch (und gewissermaßen auch ›stellvertretend‹ für jene, die der Hektik des Alltags ausgesetzt sind) gelebt wird. Auch die gregorianische Musik und die Praxis des Psalmengesangs finden zahlreiche Anhänger.

All dies können evangelische Christen neidlos zugestehen und dankbar davon profitieren; zugleich haben auch sie zu dem großen ›Puzzle ökumenischer Spiritualität‹ Wesentliches beizutragen. Allem voran die *Bibel*, die Heilige Schrift, welche Quelle und Grundlage des christlichen Glaubens ist. Natürlich ist sie auch in anderen Konfessionen beheimatet – aber die Art und Weise, wie der Rat des Apostels »Lasst das Wort Gottes reichlich unter euch wohnen« (Kol 3,16) in der evangelischen Tradition befolgt wird, ist für die gesamte Christenheit beispielhaft: Dazu zählt die *Tradition* der Losungen, wie sie in der Herrnhuter Brüdergemeine entstanden ist, oder die Praxis der *Stillen Zeit* (also eine persönliche Bibellese, die am Morgen oder zu einer anderen Zeit des Tages regelmäßig im ›stillen Kämmerlein‹ gehalten wird) – und ebenso die Einrichtung von *Hauskreisen*, wo sich Menschen ›hier und dort in den Häusern‹ (Apg 2, 46) treffen, um miteinander über den Bibeltext zu sprechen und seine Bedeutung für das eigene Leben zu entdecken. Ein weiterer Schatz der evangelischen Kirche ist ihr *Gesangbuch* und das evangelische Kirchenlied. Spiritualität umfasst freilich nicht nur praktische Aspekte, sondern hat vor allem mit dem Glauben selbst zu tun – deshalb gehören auch inhaltliche Akzente wie *Christus-Frömmigkeit, Kreuzes-Theologie* und *Rechtfertigungslehre* hierher. Ebenso wie Fragen der Lebensgestaltung – etwa die evangelische *Berufsethik* oder das Ethos des christlichen Familienlebens (im Unterschied zum katholischen Ideal des Zölibats), wie es über Jahrhunderte hinweg im *evangelischen Pfarrhaus* verwirklicht worden ist.

Aus der freikirchlichen Tradition kommen weitere wichtige Akzente hinzu, welche das große Puzzle (oder – im Anschluss an die Ästhetik kirchlicher Innenausstattung – *Mosaik*) zu einer Ganzheit werden lassen: hierzu gehören etwa die *charismatische Frömmigkeit* mit ihrer Betonung des Sprachengebets und anderer Geistesgaben; die Spiritualität von *Lobpreis*; die besondere Bedeutung der *Ortsgemeinde*; das Engagement für Evangelisation und *Mission*; bestimmte Aspekte der *Israel-Frömmigkeit* und anderes mehr.

Die orthodoxe Kirche schließlich bringt neben der Schönheit der ›Göttlichen Liturgie‹ und ihrer Gesänge insbesondere die Bewahrung der patristischen Tradition ein (z.B. durch die Überlieferung altkirchlicher Gebetstexte), sowie die Spiritualität der Ikonen und die Betonung der *Pneumatologie*.

Diese Aufzählung ist keineswegs vollständig – sie ist aber auch nicht willkürlich. Welches sind die *Kriterien*, nach denen sich beurteilen lässt, welche Aspekte einer bestimmten Tradition in besonderer Weise zu ökumenischer Spiritualität beitragen? Wenn man sich die eben aufgezählten Beispiele vergegenwärtigt, dann fällt auf, dass sie bei aller Verschiedenheit etwas miteinander gemeinsam haben: Es handelt sich durchweg um solche Elemente, die in der jeweiligen Konfession *besonders wichtig* genommen werden. Die Konfessionen bringen in eine ökumenische Spiritualität nicht einfach alles ein, was sie zu bieten haben, sondern vor allem dasjenige, was ihnen lieb und teuer ist (eben ihre ›Schätze‹!). Die Gläubigen sind sich dessen bewusst, dass ihnen hier etwas Wertvolles anvertraut wurde (vgl. Lk 19,11–27) – während sie es in früheren Zeiten der Konfessionskriege eifrig verteidigt haben, können sie es heute freimütig teilen. Und das ist eine gute Nachricht: Wenn sich ökumenische Spiritualität auf dasjenige konzentriert (nicht: beschränkt), was in den einzelnen Konfessionen von besonderer Bedeutung ist, dann steigt die Wahrscheinlichkeit, dass sich diese Traditionen tatsächlich miteinander in Einklang bringen lassen. Zum einen deshalb, weil das *Wichtige* immer nur *Weniges* ist und sich daraus auch weniger Konfliktpotenzial ergibt. Zum anderen, weil in den verschiedenen Konfessionen *Verschiedenes* bedeutsam ist – und weil sich bei genauerer Betrachtung herausstellt, dass sich dabei nur selten tiefgreifende Widersprüche ergeben. So ist es etwa für Katholiken *wichtig*, das *Stundengebet* zu halten; Evangelischen ist es *nicht wichtig*, dies *nicht* zu tun – sondern es kommt ihnen darauf an, dass es in *Freiheit* geschieht. Katholiken wiederum haben gegen die Betonung der Freiheit nichts einzuwenden, auch wenn ihnen dieses Thema nicht in gleicher Weise am Herzen liegt. Die jeweiligen Hauptanliegen sind also durchaus miteinander vereinbar.

Allerdings soll nicht verschwiegen werden, dass es in der Ökumene tatsächlich vereinzelte *Fälle von kontradiktorischen Widersprüchen* gibt; daraus entstehen dann hartnäckige Probleme im ökumenischen Dialog. Ein prominentes Beispiel dafür ist die Amtsfrage: Es ist in der katholischen Theologie wichtig, dass es ein *Papstamt* gibt – und es ist in der evangelischen Tradition wichtig, dass es *kein Papstamt* gibt (jedenfalls nicht im katholischen Sinn). Hier ist guter Rat wirklich teuer – doch gehört dieses Problem gehört in den Bereich der Dogmatik und nicht in denjenigen der Spiritualität. So zeigt sich nochmals, dass Spiritualität tatsächlich das Potenzial besitzt, existenzielle Verbundenheit zwischen Gläubigen aus verschiedenen Kirchen zu stiften und erfahrbar zu machen.

Über die AutorInnen

Thorsten Dietz

Prof. Dr. Thorsten Dietz, geboren 1971. Promotion an der Philipps-Universität Marburg mit einer Arbeit unter dem Titel ›Der Begriff der Furcht bei Luther‹. Habilitation ebenfalls in Marburg zum Thema ›Religiöse Gefühle bei Jonathan Edwards und Friedrich Schleiermacher‹. Professor für Systematische Theologie an der Evangelischen Hochschule Tabor in Marburg. Privatdozent am Fachbereich Evangelische Theologie an der Philipps-Universität Marburg. Er ist verheiratet und hat drei Kinder. Mit seiner Familie lebt er in Marburg.

Peter Hundertmark

Dr. Peter Hundertmark, geboren 1963, verheiratet, vier erwachsene Söhne. Pastoralreferent im Bistum Speyer, Referent für Spirituelle Bildung, geistlicher Begleiter und Exerzitienbegleiter. Vielfältig im Bereich der beruflichen Weiterbildung engagiert. Veröffentlichungen zu ignatianischer Spiritualität, geistlicher Begleitung, Exerzitien, geistlichen Übungswegen, Gebet und Gebetskatechese sowie zu Gemeindetheologie und Kirchenentwicklung.

Franziskus Joest

Bruder Franziskus Christoph Joest, Dr. theol., Jahrgang 1949. Pfarrer i. R. der Evangelischen Kirche in Hessen und Nassau. 1969–1975 Studium der Evangelischen Theologie, 1994 Promotion an der Jesuiten-Hochschule Sankt Georgen in Frankfurt am Main. Seit 1973 zölibatärer Bruder in der Jesus-Bruderschaft Gnadenthal. Ausbildung in Exerzitienbegleitung. Spiritual im „Haus der Stille“ in Gnadenthal.

Jutta Koslowski

Dr. Jutta Koslowski, geboren 1968. Theologin mit den Forschungsschwerpunkten Ökumene und interreligiöser Dialog; zahlreiche Veröffentlichungen zu diesen Themen. Promotion an der Ludwig-Maximilians-Universität München mit einer Arbeit unter dem Titel ›Die Einheit der Kirche in der ökumenischen Diskussion‹. Pfarrerin in der Evangelischen Kirche in Hessen und Nassau; Lehrbeauftragte an der Pädagogischen Hochschule Ludwigsburg und wissenschaftliche Mitarbeiterin an der Johannes Gutenberg-Universität Mainz. Sie ist verheiratet und hat vier Kinder. Mit ihrer Familie lebt sie in Gnadenthal.

Holger Pyka
Dr. Holger Pyka, geboren 1982. Promotion in Kirchengeschichte mit einer Arbeit über das Verhältnis von Kirche und Karneval (›Vom Sittlichkeitskampf zur Büttenpredigt‹, Stuttgart 2018). Zusatzqualifikationen in Bibliolog, Seelsorge, Coaching und kreativem Schreiben. Pfarrer in Wuppertal-Elberfeld und Dozent für Homiletik/Liturgik und Gemeindepädagogik am dortigen Predigerseminar.

Constantin Miron
Radu Constantin Miron, geboren 1956. Orthodoxer Pfarrer in Köln, Beauftragter für innerchristliche Zusammenarbeit der Orthodoxen Bischofskonferenz in Deutschland, Lehrbeauftragter an der Universität Bonn im Studiengang ›Master of Ecumenical Studies‹, Mitarbeiter im Zentrum Ecumena in Minsk, Vorsitzender der Arbeitsgemeinschaft Christlicher Kirchen (ACK) in Deutschland. Er ist verheiratet und hat fünf erwachsene Kinder und zwei Enkel.

Klaus Vechtel
Pater Klaus Vechtel SJ, geboren am 10. Oktober 1963 in Dormagen. Studium der katholischen Theologie in Bonn und Rom. 1989 Priesterweihe in Rom, 1991 Eintritt in die Gesellschaft Jesu. Promotion in Theologie im Jahr 2000 mit einer Arbeit über Wolfhart Pannenbergs Trinitätslehre an der Philosophisch-Theologischen Hochschule Sankt Georgen in Frankfurt. Von 2000 bis 2007 Spiritual am Collegium Germanicum et Hungaricum in Rom. Seit 2007 Lehrtätigkeit an der PTH Sankt Georgen. 2013 Habilitation an der Johannes Gutenberg-Universität in Mainz mit einer Arbeit zum Thema ›Eschatologie und Freiheit. Zur Frage der postmortalen Vollendung in der Theologie Karl Rahners und Hans Urs von Balthasars‹. Seit 2014 Professor für Dogmatik in Sankt Georgen. Themenschwerpunkte und Forschungsinteressen: Gotteslehre, Eschatologie, Theologie und Spiritualität, ökumenischer Dialog.

Jochen Wagner
Dr. Jochen Wagner, geboren 1979. Theologe mit den Forschungsschwerpunkten Ökumene und Bibelwissenschaften. Promotion an der Technischen Universität Dortmund mit einer Arbeit unter dem Titel ›Die Anfänge des Amtes in der Kirche‹. Pastor im Bund Freier evangelischer Gemeinden; Vorsitzender der Arbeitsgemeinschaft Christlicher Kirchen (ACK) in der Region Südwest (Rheinland-Pfalz und Saarland); wissenschaftlicher Mitarbeiter an der Universität Koblenz-Landau (Campus Koblenz). Ausgezeichnet mit dem Menno-Simons-Predigtpreis. Er ist verheiratet und hat drei Kinder. Mit seiner Familie lebt er in Kirchberg.

Peter Zimmerling

Prof. Dr. Peter Zimmerling, geboren 1958. Promotion an der Universität Tübingen mit einer Arbeit über Zinzendorfs Trinitätslehre, Habilitation an der Universität Heidelberg mit einer Arbeit über die charismatischen Bewegungen der Gegenwart. Seit 2005 Professor für Praktische Theologie mit Schwerpunkt Seelsorge an der Theologischen Fakultät der Universität Leipzig; Domherr zu Meißen. Forschungsschwerpunkte: Seelsorge, Spiritualität, charismatische Bewegungen, Dietrich Bonhoeffer, theologische Frauenforschung, Nikolaus Ludwig Graf von Zinzendorf. Zuletzt veröffentlicht: Handbuch Evangelische Spiritualität, Bd. 3: Praxis, Göttingen 2020; Evangelische Mystik, Göttingen [2]2020.

Bildnachweise

Seite 126 (Cartoon): © Holger Pyka

Seite 130 (Nadia Bolz-Weber): © Nadia Bolz-Weber (www.evangelisch.de)

Seite 132 (Jugendweihe): © Bundesbildarchiv, Bild 183-51664-0001 / CC-BY-SA 3.0 (Wikemedia Commons)

Seite 134 (Politisches Nachgebet): © Oswald Kettenberger (www.feinschwarz.net)

Seite 135 (Cartoon): © Holger Pyka

Seite 139 (Twomplet): © Holger Pyka (twitter.de/twomplet)